우리는 모두 집을 떠난다

金賢美——著
杜彥文——譯

我們都離開了家

全球多元文化趨勢下
韓國新移民的離散、追尋與認同

看看韓國、想想台灣

張心潔
復旦大學社會學系副教授

《我們都離開了家》是一位平權主義研究與理念實踐者的溫情書寫。本書作者金賢美教授，進行超過十年的民族誌研究，見證書中的主角們在韓國社會的長期移住與工作經驗後，生動刻劃出遷移者生命軌跡、跨國家庭安排，以及與母國的跨境連結。作為文化人類學者，金教授精闢的研究視角，帶領讀者細膩地體察比本地社會底層生活更邊緣的移民文化。作為平權運動的倡議與行動者，金教授對韓國社會普遍存在的自民族中心主義、多元文化論述背後的父權陰影與階級假設直言不諱。她提出「多元文化的公民意識」這個概念：與移民共享公民權利，是足以克服新自由主義經濟危機的關鍵思路，也是讓公領域變得更加平等和公平的道路。

本書分為三個部分。第一部分，介紹韓國從三十年前的主要人口移出社會，成為亞洲主要人口移入社會的發展脈絡。作者於此鋪陳來自亞洲十多國的移民，遷移到韓國的多重動機與途徑，以及韓國政府陸續接收婚姻移民、政治難民、移住勞工、同族移民的歸還移居（return migration），其相應制度、社經結構和文化變遷。第二部分，主題式呈現在受限的聘僱制度、被壓縮的生活空間、惡劣的勞動條件，以及對少數群體之文化帶有偏見，期待進行「同化式融合」的韓國社會，新移民接受無奈現實並盡力調適，亦未曾放棄追逐夢想的歷程。這部分精彩之處，在於作者深入剖析移民工的母國社會與家庭，受到新自由主義全球化影響的多重面向，導致移民工必須持續調整工作與家庭策略，包括延長勞動年數來因應子女在母國高漲的生活費，或是以反向移民（reverse migration）來兼顧經濟與子女養育的需求。上述過程是分析移民議題容易被忽視的「母國因素」。第三部分則參照歐洲經驗，探討東亞社會依循「父權家庭式的福利模式」（patriarchal family-oriented welfare model）的意識型態，思考「移住民的權利為何也是我們的問題」可能存在的迷思，以及突破迷思的多元視角。

隨著金教授如實地描繪身處社會邊緣的移民工生命起伏，讀者不難發現，台灣與韓國在成為人口移入社會的過程，有許多相似之處值得互相參照，也可藉此反思對待移民工的社會氛圍與態度。例如：婚姻仲介提供「韓國生活說明書」中對通婚媳婦的傳統美德期待；透過商品化國際婚姻結合的越南女性與韓國男性，在有限的經濟條件下為自己的選擇承擔責任，逐步建立情感的連帶，是部分台灣男性與東南亞女性通婚家庭的寫照。而「不管是在中國還是韓國，都沒有活著的感覺」的朝鮮族，可能反映在台陸籍人士的身分認同；蒙古工程師到韓國農畜產業從事勞動工作的複雜感受，或許與在母國擁有高學歷，卻選擇來台擔任看護工的東南亞女性相似。因專業技術被雇主重用的無證移工萊伊，每隔一週會到老人安養院擔任志工，把二十二年的韓國人生放在背袋，隨時準備好一旦被抓到，就必須在三天到一週內出境回尼泊爾。是否也提醒讀者，台灣城鄉的工廠與農地，亦存在即使付出勞力維持社會日常運作所需、努力參與公民社會，卻必須擔心被通報的「逃跑外勞」呢？

《我們都離開了家》是一本知識含量極度豐富的人文科普書，適合多重需求與不同背景的華語讀者。透過金教授的文字，讀者將深刻感受，本書主角面對不被主流社會理解與聆聽的無奈，依然發展出獨特的自我規範與移民文化。這些「從不起眼的國家來的人」，在不起眼的角落生活與工作，透過「邊緣的存在」所感知到韓國社會的日常歧視與結構問題，是主流人群無從體驗的真實。即使身為無證移工，韓語能力日漸進步，工作表現受到肯定後，對於能夠參與全球注目的「韓國製造」（Made in Korea）過程，亦感到無比喜悅。

台灣開放婚姻移民定居，以及東南亞籍勞動工作者來台，已經長達三十年。移民工母國的歷史語言與飲食文化，日漸受到公民社會的關注。本書作者再三強調，比文化展演與共享美食更關鍵的行動，是我們必須傾聽移民的話語，共同打造有助於社會融合的「理解環境」，才有機會穿越性別、階級與國族的界線，讓離家的人得到尊重與自由，實踐生命的意義與價值。當我們試圖了解移民工在台灣生活的日常點滴與支持需求，用彼此感到舒適的方式與角色，建立新的連結與關係，不只有助於學習彼此的多元生活觀，亦可能提供解決生活危機與競爭矛盾的靈感，體現作者提倡的「多元文化的公民意識」。

我與金教授第一次相遇在二〇一一年的夏天。當時我到韓國進行博士論文的田野研究，比較越南移民女性在台灣與韓國的通婚和移住經驗。對於第一次到韓國，因外國人身分租屋不便，住在「考試院」體驗韓國文化的我，金教授在百忙中提供關鍵的指點，並表達身為前輩的暖心關懷。後來，我們陸續在台北、首爾與美國西岸的城市會面與交流。金教授熱情而有趣的性格、批判而不失幽默的學術洞見與社會觀察、對晚輩的無私建議，總讓我受到深切的鼓舞與啟發。期盼《我們都離開了家》中文版的問世，不只帶來對移民工社會融合議題更深入的思辨，台灣社會在厭惡排斥與同情施捨「他者」這個二元光譜上，也能進入同理與尊重的第三次元。認可「移民的權利也是我們的問題」，受益者不只有移民。全球化的多變時代，或許在不久的將來，你我都可能成為離家的人。

中文版序

跨越民族國家，建立新的連結

很高興這本二〇一四年出版並於二〇一七年再版的著作，能夠翻譯成中文與台灣讀者見面。首先，過去十五年來，台灣一直是我在做韓國移民研究時的重要參照對象，台灣的移工政策、婚姻移民組織和移民運動，以及有關多元文化主義的政治討論，有助於我更了解韓國移民的情況，以及找到未來韓國移民運動前進的方向。也希望這本書能夠讓中文讀者更了解韓國移民的情況。

跟移民有關的方面，韓國和台灣可以說是「落後國家」。第二次世界大戰後，歐洲國家為了重建，早已大規模接納移民。一九六〇年代以後，美國也開始接受家庭移民。另一方面，台灣、日本、韓國等東亞經濟發展國家，長期以來一直透過單一民族組成的家庭來提供穩定的勞動力，在經濟方面也達到驚人的成長。之後，由於低工資和單純勞動領域的勞動力短缺，為了填補勞動力的短缺而開始引進外國工人。日本在一九九〇年建立了產業研習生制度；台灣在一九九二年制定了《就業服務法》（*Employment Services Law*）；韓國則在一九九三年建立了產業實習生制度（industrial trainees），並開始制定與外國人相關的出入境政策。但是，根據補充國內勞動力的原則，外國人只能在政府指定的某些產業工作，如果違反了規定，則會被當作「非法居留」，而且移民的勞動權利也得不到保障。在長期滯留的期間，不僅家人不能陪同，也沒有任何永久定居或移民的途徑。和台灣一樣，唯一可以在韓國定居並獲得國籍的方式，就是通過國際婚姻的婚姻移民。

韓國跟台灣一樣，正在經歷人類再生產（human reproduction）危機，也就是面臨低生育率、不婚人口增加、地區間婚姻市場的性別比不平衡，以及老年人口增加等問題。以現況來說，很難單憑同民族間的婚姻和家庭組成來確保穩定的人口和社會勞動力。社會迅速地變成以消費為中心，生活本身也轉為高支出（high costs）結構。台灣和韓國都已經走向發展後期國家（post-developed state）的低增長狀態，雖然對生活品質的期望不斷增加，卻不具備歐洲國家那樣的社會福利制度。家庭代替國家擔任解決危機和提供福祉的角色，但在東亞的三個國家卻有越來越多人無法通過婚姻組織家庭。自一九九〇年代以來，台灣和韓國國際婚姻的迅速增長，是國內婚姻市場處於劣勢的低收入男性——特別是農村地區和城市的低收入男性——對於婚姻需求增加的結果。這也是由於全球化造成的資本、勞動力和文化迅速交換的情況下，對於開放性與跨國性親密關係的渴望增加所導致。

移民的增加正在快速改變東亞以單一民族為中心的公民權概念（East Asian mono-ethnic citizenship），並期待能採取更具包容性的多元文化主義模式。為了因應這些新的變化，台灣在二〇〇三年引進了多元文化政策（multiculturalism）；韓國政府則在二〇〇六年宣布邁向多元文化社會，並建立了「多元文化家庭」——也就是國際婚姻家庭——的社會融合制度。

但是整個過程並不順利。對移民和移民二代的差別待遇、刻板印象和種族化（racialization），造成無法認同「差異」的反移民情緒逐漸擴大。台韓兩個國家已經將「國民」視為所有權利和義務的唯一合法對象，移民問題挑戰了國家統治和長久以來公民身分的政治、文化和經濟的根本。如今我們應該跨越以國家為中心的思維，思考如何才能擴大所有幫助社會建立的人的基本權利。移民也必須跨越現在所居住的民族國家，去想像如何建立新的連結與關係。在這方面，我曾多次訪問過南洋台灣姊妹會（TASAT），並深受婚姻移民女性的移民運動鼓舞。透過與台灣移民研究者夏曉鵑、張心潔和藍佩嘉教授的交流，我也得到了許多靈感和知識方面的刺激。

這本書是一位人類學家傳達來到韓國的多樣化移民的經歷和聲音，也反映了與來自不同國家的移民、活動家和研究人員互相交流和聆聽的經驗。只有當我們連結在一起時，才會產生力量。

我們都曾離開過家。不論是本國民還是移民，搬到新地方時的恐懼、期待和積極行動，是每個人都擁有的共同情感和經驗。透過這些經驗，期待未來能夠產生更多民主的政治變化。

金賢美

聆聽離開家的人述說他們的故事

如果不試著努力去理解他人，那麼做事情時便往往會產生衝突，若衝突無法解決，最終就會與他人形成對立。理解他人不是透過言語就能立刻達成，而是需要相處很長的時間。理解也不代表就是達成共識，而是要體會即使在相同的情況下，也可以用許多不同的觀點、經驗與解析來傳達並表現自己的意見，藉此達到共識。

移民研究讓用韓國人的「常識」與「習俗」生活的我，能夠認識一群具有不同常識與習俗的人，創造出一個新的「理解環境」。我至今仍難以忘記二〇〇三年秋天，第一次跟移民見面採訪的時候。那是一群來自俄羅斯的年輕女性，以娛樂產業從業人士的身分在夜總會裡跳舞。她們一來到韓國，就被帶到京畿道和全國各地的夜總會，被迫提供帶出場的性服務和賣淫行為。這些女性無法抵抗，只好逃出恐怖的監視網絡，並到宗教團體的庇護所尋求保護。那時天氣相當寒冷，但年輕女性仍穿著幾乎能看到胸部的暴露服裝。她們的身體非常強健，對於因為安全考量而被庇護所限制夜間外出一事感到不滿。儘管如此，跟過去半年到一年間無法離開工作場所、被迫吃不合胃口的韓國食物，並且不能擁有手機的生活相比，庇護所的環境已經非常自由了，因此她們對那些虔誠的宗教人士抱怨沒有「自由」這一點，我當時認為還是有點過分。俄羅斯女性與典型的「女性受害者」不同，跟她們的第一次見面，再度確認了我對「俄羅斯女性」的偏見。

然而，在採訪了八名俄羅斯女性，並多次進出庇護所後，我的想法逐漸發生了變化。她們穿著暴露是因為除了這些衣服之外，沒有其他衣物，且因為從小就適應了俄羅斯的寒冷氣候，因而常常穿這種單薄的服裝。我認為她們過度表達不滿的原因，是她們長期以來受到韓國人太多的傷害，在憤怒的情況下藉由向韓國人表達自己想要的東西，來恢復她們的自尊。如果沒有謹慎仔細地詢問，恐怕無法聽到這些回答，她們誠實且勇敢地告訴了我很多故事。艾拉是哈巴羅夫斯克的小學教師，也是一名單親媽媽，因為一直拿不到拖欠的教師工資，幾乎無法撫養孩子，於是原本完全不會跳舞的她，在短時間內學習了舞蹈便來到韓國——她當時並不知道努力盡到母親的責任會讓她陷入這樣痛苦的生活。在韓國，她一樣沒有準時領到薪水，而且還身心俱疲。她感到很難過，因為不僅賺不到錢，連顏面都沒了，還不得不帶著傷痕回家面對自己的孩子。

目前的韓國移民與移民問題，跟我第一次遇見俄羅斯女性時的情況差別並不大。如果移民主張權利，就會遭到社會厭惡，如果移民看起來像是「不幸的人」，周遭就會安心地施捨善意。對於擁有權利的先住民*與無能為力的移民之間的階級差異，人們感到理所當然。先住民可以強調自己對移民的施惠，或是表達跟移民在一起生活的不便。然而，以「客人」身分前來的移民，因為擔心能否被移民國家接受，或是煩惱會遭到什麼樣的待遇等複雜的想法，讓他們比剛離開家時更為不安。隨著時間流逝，如果他們能習慣先住民的語言和習俗並適當地行動，就會被視為一名優秀的移民。然而，這種情況並不是相互認同與協商的「中間地帶」，而是移民把他們的語言、情感和價值觀埋在一旁，是不公平的妥協所導致的結果。因此，移民不得不接受這樣漂泊不定的現實，當作是「為自己的選擇負責與忍耐」。

生活在韓國的移民，在他們的祖國可能有良好的學術背景或不錯的工作，並且為自己的「地位」感到自豪，他們也可能因為外表和健談而受歡迎，說不定也看不起來到自己國家的外國移民。接著，在成為一名移民後，他們意識到自己的人生旅程突然急轉彎，變成了邊緣人。在韓國社會的「外國移工」、「多元文化家庭」和「無證移工」等分類中，移

---

* 譯註：相對於後來移民，指原先在這塊土地上居住的民族，這裡的先住民指的是韓民族。

民個別的特性完全被忽略，只能以「普遍性移民」的身分生活。所謂「普遍性移民」，是韓國人意識中想像的「從不起眼的國家來的外國人」。在韓國這個拜物主義（資本主義）的社會裡，對於習慣用金錢和外表作為評斷標準的韓國人來說，外國移民不過是「邊緣的存在」。然而，通過邊緣的地位來觀察，才可以更深入了解主流人群無法看到和感受到的東西。從微小的日常生活到結構性的問題，韓國人看不見的部分，移民都能感受到。

本書想強調的是，去傾聽移民的話語，才能使韓國成為一個更民主的社會。傾聽的受益者不僅只有移民，還有全部的韓國人。移民會想像他們將要去的地方以及將要做的事，經過長久的深思熟慮才下決定，但是當他們一跨出國界，仍然必須面對無法預測的情況。我開始研究移民問題的契機，是基於相信「離開家的人」在移動、定居和返家的過程中，基本安全和人權應該要受到保障。韓國社會沉浸在躍進全球化社會的喜悅中，卻沒有發現一直以來細心守護的民主主義，被盲目的「我們」的意識給取代並扭曲。我在過去十年間認識了許多移民，跨越了韓國人所謂「我們」的高牆，因此希望閱讀本書的讀者也能夠直接或間接地與移民接觸。

首先我最想要感謝的是欣快地（儘管難以確認）答應並邀請我去家裡、庇護所和職場進行訪談的移民。有時我無法找到翻譯，只好用韓語進行採訪，而讓他們感到鬱悶。基於

研究倫理而只能用匿名介紹的這群人，比我認識的其他人還要細心、聰明而幽默，感謝他們的韓國同事及配偶，也感謝韓國艷（한국염）*、江惠淑（강혜숙）、金敏貞（김민정）、金成美敬（김성미경）、安純華（안순화）、李寶恩（이보은）、李英（이영）、李英華（이영화）、李美敬（이인경）、李智淵（이지연）、李浩澤（이호택）、鄭貴순（정귀순）、許吳英淑（허오영숙）等多位移民支援團體的老師，我欠了他們不少人情債。此外還要特別感謝與移民一起生活的移民運動人士，他們的故事總是相當激勵人心。

過去十年間，我進入了移民經歷的世界，並試圖參與他們的生活，過程中得到許多人在物質上與非物質上的支援（以下部分研究者有所重複，仍如實記載）。我個人獨自執行的研究有：《全球化與移民的女性化：韓國的案例研究》（學術振興集團，二〇〇四）、《中國朝鮮族的英國移民經驗》（LG蓮菴文化財團海外研究教授補助，二〇〇五）、《結婚國度：現代韓國社會的「國際婚姻」與婚姻的意義變化》（太平洋學術文化財團，二〇〇八）、《再生產轉換過程中韓國女性移民的日常研究》（韓國研究財團，二〇一〇～二〇一二），藉此機會感謝贊助研究的機關和組織。

---

*編按：本書外文人名皆採音譯，並斟酌註明原名或發音。

另外也特別感謝一起進行研究的老師們。我以研究負責人的身分進行的研究有：《僱用許可制施行以後，蒙古與越南人的移民與國際婚姻上所發生的人權侵害現象調查》（國家人權委員會，二〇〇七），共同研究者：金基敦（김기돈）、金敏貞（김민정）、金正善（김정선）、金哲孝（김철효）、朴勇源（박용원）；《生活範圍的多元文化教育案例研究與適用方案》（韓國女性政策研究院，二〇〇八），共同研究者：金英玉（김영옥）、金敏貞（김민정）；《韓國滯留難民的實態調查與社會待遇改善的政策方案》（法務部外國人出入境政策本部，二〇一〇），共同研究者：李浩澤（이호택）、崔元瑾（최원근）、朴俊奎（박준규）；《韓國國內難民兒童生活實態調查與支援方案研究》（拯救兒童基金會，二〇一三），共同研究者：李浩澤（이호택）、李慧貞（이혜진）、申政熙（신정희）、李妍珠（이연주）；《從全球化家庭的觀點來看「飛吧」計畫的意義：以韓國—越南國際婚姻為例》（韓國女性財團，二〇一二），共同研究者金英玉（김영옥）。而我以共同研究員的身分參與的研究有：《外國女性性交易狀況調查》（女性家庭部，二〇〇三），其他研究者：薛東勳（설동훈）、韓建秀（한건수）、高賢雄（고현웅）、莎莉亞（샐리이아）；《國際婚姻女性實態調查及保健福祉支援方案研究》（保健福祉部，二〇〇五），其他研究者：薛東勳（설동훈）、金潤泰（김윤태）、尹弘植（윤홍식）、李慧景（이혜

경）、林敬澤（임경택）、鄭基善（정기선）、周永秀（주영수）、韓建秀（한건수）；《國際婚姻仲介體系：越南與菲律賓現場調查》（貧富差異改善委員會，二〇〇五），其他研究者：高賢雄（고현웅）、蘇羅美（소라미）、金正善（김정선）、金載媛（김재원）；《訪問就業制的實態調查與同胞滿足度調查》（法務部／勞動部，二〇〇八），其他研究者：李進英（이진영）、李慧景（이혜경）。

我從二〇〇五年開始參與移民女性人權論壇，論壇中諸位老師的智慧和經驗對我來說是極大的幫助。還要感謝延世大學文化人類學系的趙韓惠貞（조한혜정）、趙文英（조문영）教授，以及文化學系的羅林允慶（나임윤경）教授，他們與我共同分享了許多現場調查的經驗與知識。也很感謝延世大學文化學系的柳幼善（류유선）博士，在過去三年裡協助我在京畿道和忠清道進行研究。因為我書稿的拖延，讓石枕頭出版社的金振具（김진구）編輯費心了，而女性研究學者金高妍珠（김고연주）閱讀本書的原稿，並進行潤飾，在此向兩位獻上真摯的謝意。另外還要感謝提供相片的作家成幼淑（성유숙）。最後，要感謝總是用愛來支持我的母親和家人。

二〇一四年一月二十四日

金賢美

目次

說明

本書裡登場的移民與韓國人，都是我在研究的十年間透過介紹或參加活動認識並訪談的。為了保護他們的私生活，所有的人名皆用假名，如果是真名則會另外標註，未成年者事前均經過父母同意才進行訪談。

第一章 移住的現況與背景

◆ 為何會遷移？這些移民是哪些人？

移民的國度——韓國

敘利亞出身的亞斯敏來到韓國已經有七年的時間，二十歲出頭跟隨「師傅」來到韓國後，他就一直待在這裡，曾經做過代購、餐飲服務、汽車零件等不同的工作，他每三個月會出國一次，前往鄰近的國家，再以觀光簽證的身分入境韓國。在師傅手下做遍了各種雜事，最後他終於從學徒生活畢業，自己獨立出來。為了拿到長期居留資格，他最近開始了個人事業，現在只需要每年更新一次簽證即可。因為韓國並不允許永久移民，所以亞斯敏沒有辦法永久定居，他透過父母的介紹認識了本國女性，打算結婚後一同在韓國建立家庭。

聯合國把像亞斯敏這樣非該國出生、但在該國滯留超過十二個月的人分類為「移民」

（migrant）。[1]根據聯合國統計，二〇一〇年有兩億一千四百萬人離開自己的國家，以移民的身分生活。這個數字雖然只是全世界人口的百分之三，但移民的人口集中在年輕的族群，且並未包含短暫出國、最後變成無證移民者以及短期滯留者。若是加上這些人，我們可以說，現在是個「移民的時代」，移民是很普遍且一般的現象。[2]

在移民的時代，韓國成為新的移民目的地。在三十年以前，韓國還是主要的人口移出國家，直到現在，韓國國民每五個人中就有一位因為社會經濟層面的不安，而打算移民到其他國家。[3]韓國最早的海外移民是在一九〇三年移民到夏威夷，從那時開始，至今已經有七百一十八萬五千人——約為韓半島總人口的十分之一——居住在全球一百七十六個

1 在韓國滯留九十天以上的外國人必須申請外國人登錄證。韓國的外國人統計資料是以有登錄的外國人為對象統計的。出入境外國人政策本部網站（http://immigration.go.kr）。

2 史蒂芬．卡斯特勒斯（Stephen Castles）、馬克．J．米勒（Mark J. Miller）著，韓國移民學會譯，《移民的時代》，一潮閣出版社，二〇一三年，頁二九～三〇。

3 韓國蓋洛普於二〇一三年十月以全國十九歲以上的一二一五位男女為對象，詢問最近一年內是否慎重考慮過搬到其他國家，結果有百分之十八的人回答「考慮過」。《聯合新聞》，二〇一三年十月三十一日。

國家，這個數字比全世界平均的百分之三相比要高出不少。韓國的本國國民移居海外人數排名世界第四，僅次於以色列、愛爾蘭、義大利。[4]許多韓國人都有親戚移民到海外，或是有子女在英語系的國家念書，也有些人的家人因為投資或經濟活動而滯留海外。隨著韓國社會逐漸富裕，為了階級晉升或追求新的生活型態而移民的人數急劇增加。為獲得英文教育與海外學位等全球化文化資本而離開韓國的「學生移民」比例，比其他國家要高出許多。[5]另一方面，日趨嚴重的貧富差距，造成許多人為了找工作而移民，也就是因為「生計」而移民的韓國人也逐漸增加。藉由「打工旅遊」短期移住到澳洲、美國、加拿大等地的青年，以及為了取得建設業或服務業工作而前往日本的新移民，則是由於韓國社會內部的移出因素——經濟文化方面的機會不足——而移居海外。隨著高齡化社會的到來，移民不再只是年輕人的選擇。因為韓國物價指數的高漲，要維持中產階級的生活越來越困難，退休的中壯年族群會選擇移居到較為低廉且自然環境較好的地區，稱作「退休移民」。

但是韓國社會最大的變化，是有越來越多不同人種、國籍和語言的外國人移入。根據韓國安全行政部二〇一五年的外國住民現況分析，外國人的人數已經達到一七四萬一九一九名，占總人口五一三二萬七九一六人的百分之三．四，也就是說，在韓國，三十個人當中就有一個是外國人。外國人的人數跟總人口相比，雖然比例仍然很低，但這樣的變化是近二十年來突然發生的，因此對韓國社會造成了很大的影響。那麼，過去二十年來外國人的人數為何會激增呢？這些人是誰？他們在韓國社會經歷了哪些事？這個主題便是我在書中想要討論的。

移民增加是全球化的現象，韓國需要外國移民的原因可以從很多角度來說明。一九八八年舉辦奧運後，韓國國家形象的提升以及持續性的經濟發展改善了生活品質，也因此成為移民選擇的目的地之一。跟其他先進國家類似，韓國外來移民的增加是因為遇到了「社會再生產」的危機。「社會再生產」指的是人類從出生到生存的全部過程，特別是指生育未來的勞動人口，滿足這群人的衣食住、安全、健康與照護的需求，藉此不斷產生勞動力，並讓世代延續下去。另外，也包含了維持社會所必要的知識・社會性價值、文化習慣的傳遞，以及創造團體認同的所有社會性過程。[6]

---

4 e-國家指標（www.index.go.kr），在外同胞現況，二〇一五年。

5 早期留學費用相當高且會造成家人分居，因此並非能輕易決定的選擇。但是最近的趨勢則顯示，韓國的中產階級當中平均月收入超過六百萬的家庭，配偶或子女在國外的比例達百分之二十五・六（趙恩，〈候鳥爸爸：邁向全球化階級的欲望〉，《黃海文化》五六，二〇〇七年，頁八一）。

6 Diane Elson, "The Economic, the Political and the Domestic: Businesses, States and Households in the Organization of Production", *New Political Economy* 3(2), 1998, p.191.

一九九〇年代以後，社會再生產的危機加速，不僅低工資的3D產業*勞動力不足，還面臨了低出生率、人口高齡化以及結婚市場性別比例不均衡等人口危機。跟其他福利制度完善的經濟強國不同，在韓國不是由國家，而是靠著個別的家庭來負擔育兒、教育與老年人撫養等社會再生產的任務，因此在現代社會，要組成家庭越來越困難，而在家庭成員間的安定關係無法受到保障的狀況下，更是漸漸無法依賴家庭的照顧。社會再生產本應依靠國家、市場、家族、非營利團體等來均衡實行，但現在這個領域卻為「市場」所主導，在連勞動力都不足的狀況下，越來越不可能達到以國家為中心的社會再生產，各國都想透過全球化移民來解決社會再生產的危機，最簡單的方法，就是動員經濟開發中國家或是貧困國家的國民，而人口移出國也為了解決國家負債和賺取外匯，默許甚至獎勵本國國民移民到海外。

一九八〇年代後期，朝鮮族男性與亞洲的移民開始進入韓國勞動力不足的零售製造業生產部門或是建築業。一九九〇年代以後，朝鮮族女性開始進入育兒、老人與病患看護等照護領域，中國與東南亞女性則以婚姻移民的方式大量進入韓國。一九九七年經濟危機之後，跟傳統的生產領域相比，為了維持個人生活與延續家族世代等目的的婚姻移民，以及與照料和養育相關的移民急劇增加。二〇一五年移民韓國的外國人當中，女性的比例占了百分之四十八。以下，我們再來看看這些移民跟韓國的生產及社會再生產問題之間產生了什麼樣的火花。

產業結構的重組與經濟移民

韓國最早出現的移民便是來找工作的「經濟移民」。當韓國社會漸漸走向高附加價值的服務業，零售製造業的經營狀況卻每況愈下。另一方面，韓國藉由一九八六年的亞運與一九八八年的奧運，向全世界展現了國家的高度發展，成為繼日本之後薪資第二高的移民目的國家。一九八六年，政府開放自由旅遊，韓國人要出國變得相對容易，來往韓國的外國商人與企業家也將韓國的經濟發展狀況傳播到海外。韓國成為亞洲第二高薪的國家引起了許多人的注意，隨著波斯灣戰爭的爆發，許多東南亞的移民回到本國後，便選擇韓國作為新的移民目的地。[7]

＊編按：3D產業意指骯髒（Dirty）、危險（Dangerous）、辛苦（Difficult）的產業類型。

7 韓建秀，〈韓國多元文化社會的轉型與移住勞工〉，《哲學與現實》九一，二〇一一年，頁二一。

此時，從一九八七年年中開始的「勞工大鬥爭」，使得韓國國內勞工的薪資大幅上升，韓國政府在提升國家經濟的目標下，實行了「產業結構的重整」。所謂產業結構的重整，包含了停止對製造業等夕陽產業的銀行貸款，並中止國家資源的補助。石油、製鞋、飲食加工業、電子附加產品、塗裝等造成公害的輕工業，於是成為了政府調整結構的主要對象，以減少零散中小企業的生產線，或是將工廠移到工資更低的印尼、中國或其他亞洲國家，來解決產業的危機。但有些環境惡劣、生產基地無法外移的製造業或家具生產等3D產業，因為工資提升與勞動力不足而陷入困境。對流行很敏感的服飾類與飾品類，工廠通常設在與消費者較近的地方較有利，與其將工廠外移，他們更期盼在國內找到便宜的勞動力。韓國政府希望產業能調整為以高資本與高附加價值產業為中心，因而對小型企業的人力問題放任不管，這些企業也只好透過關係引進並僱用外國人。

有一部分的人認為外國人是來跟韓國人搶工作的，應該要趕走他們，但其實他們大多是做韓國人不願意做的工作。韓國的經濟不僅只靠大財閥，還靠複雜的下游體系中許多中小企業在支撐。逐漸成為高學歷社會之後，韓國的年輕世代不樂意投身3D產業。一九九〇年以後，身為消費者的年輕人，不願從事要求勤勉與犧牲的低工資危險工作，不願為了父母一輩所熟悉的集團主義而放棄個人的權利與欲望。韓國人所逃避的工作由外國人來填補，外國人集中的工作則被烙印為「移住勞工*的工作」，讓韓國人更不願意去做，因而形成惡性循環。

在韓國政府實行全方面的移住勞工政策以前，移住勞工就已經進入了韓國。到一九九〇年代初期為止，進入韓國的大部分移工，都不是透過政府認可的簽約勞工，而是以觀光或是投資簽證進來，最後成為無證的移住勞工。一九九三年十一月，政府引進了可以合法工作三年的「產業實習生制度」。顧名思義，產業實習生並不是勞工而是實習生，所以無法得到合理的勞工待遇。當時產業實習生的月平均收入為十八萬到二十萬韓元，因為不是勞工，因此權利沒有保障，接二連三發生不當待遇、辱罵、拖欠薪資、暴力等問題。移工的「韓國夢」被手指截斷、職業災害、拖欠薪資和差別待遇所驚醒，居留時間超過三年的產業實習生或是逃離職場的移住勞工，全部都成為了「非法」移民。韓國政府的第一個移民相關政策，結果卻產生了大量無證的移住勞工。

＊譯註：本書中針對移工，主要有移工和移住勞工兩種說法，中文裡多用移工一詞，但韓文原文的「移住勞工」一詞更強調了「住」的意義，為了保留韓國特色，故維持原文用詞。

受到國內外多方責難的產業實習生制度，從二〇〇四年起被新的「僱用許可制」所取代。僱用許可制透過標準契約書來保障最低薪資，是保障基本「勞動權」的勞工邀請制度（guestworker system）。引進了僱用許可制之後，更增加了亞洲各國人民想要移居韓國的渴望，韓國藉著跟亞洲十五個國家簽訂合作備忘錄（MOU），讓移住勞工在韓國最長可工作四年又十個月。透過僱用許可制前來的勞工薪資相對有保障，加上以地區來說本就比較容易往來，韓國因此受到許多亞洲國家人民青睞。

另一方面，同族之間的移民（Co-ethnic migration），像是朝鮮族與高麗人等海外同胞的「歸還」移居，藉由二〇〇七年通過的「訪問就業制」而宣告合法，在韓國沒有任何親緣、血緣關係的同胞，也可以在韓國自由工作三到五年，訪問就業制實施之後，朝鮮族在建設、服務、照護的領域擔任了相當重要的角色。

社會再生產的危機與解決方法

韓國社會雖然透過快速的經濟成長累積了許多財富，但也造成了許多犧牲。國家的經濟成長掛帥政策，忽略了經濟應該要立基在「社會關係」之上。成長優先的國家策略重視以競爭為主的成果主義、為了團體的個人犧牲、家庭內僵化的性別分工，甚至帶來了嚴重的人口危機。過去被視為人生必經階段的婚姻制度，在一九九〇年代以後發生了變化，晚婚現象不僅造成未婚女性劇增，已婚夫妻的生育率也大幅降低。一九九一年，韓國女性每人的平均生育率為一．七一名嬰兒，一九九五年為一．六三名，二〇〇一年為一．二九名，到了二〇〇五年則減少為一．〇八名。粗略離婚率從每千名一．一件，到二〇〇二年變為三．〇件，到了二〇〇三年又升高到三．四件。[8]低生育率與家庭瓦解等「人類再生產危機」，對用婚姻來調整人口的韓國社會帶來相當大的衝擊，加上有照護需求的六十五歲以上高齡化人口，增加到總人口的百分之十二．三，也是韓國目前面臨的危機。這類人口方面的變化，在西方國家早就已經發生，而一九九〇年代以後，日本、韓國、台灣、新加坡等亞洲地區經濟發展國家也都面臨了同樣的問題。

以往在韓國，通常是透過本國人民之間的婚姻組織家庭、控制人口的穩定，並確保社會上的勞動人口，但一九九〇年代之後，卻面臨了生育率嚴重下降、高齡化跟地區人口分

8 韓國統計廳，「離婚統計」（www.index.go.kr）。

布不均的人口危機，只靠「單一民族家庭」很難克服這樣的危機。

韓國社會之所以這麼快就陷入人口危機，在於韓國女性的結婚價值觀劇變，同時帶來了許多文化方面的衝擊。以異性戀為基礎的婚姻與家庭制度，透過「男性為家計負責人，女性為家事勞工」這樣的性別分工來維持人口的再生產，女性無償完成家事與生兒育女的勞動，使資本得以累積，達到快速的經濟成長。社會上為公司賣命而無暇照顧家庭、孩子以及地方社會的男性越多，家庭的維持就越困難。一九九七年南韓金融危機（IMF危機）以後，男性撫養家庭的角色變得更加不安，擁有學歷與經濟能力的女性，不再把結婚當作是通過儀禮*或義務，而是自己選擇要不要結婚。儘管公私領域中，女性在經濟上的角色與貢獻漸漸被重視，但國家方面的福祉政策仍不完善，家庭內的性別不平等與家事分工不均，使得女性並沒有太多的選擇。她們只能延後結婚，藉著調整生孕來兼顧家庭與工作，或是為了工作與經濟的獨立而選擇不結婚。認為結婚是可以選擇的女性正在增加，另一方面，選擇不結婚的低收入男性也越來越多。

韓國社會從一九六〇年代開始大力推行的家庭計畫，也是導致國際婚姻現象的核心原因之一。在偏好男嬰的觀念下，生育限制政策的實施助長了女嬰墮胎的風氣，更造成男女性別比例的不均。在結婚市場上，性別不均跟階級問題結合，對經濟能力不足的男性來說更為不利，擁有學歷、經濟能力和社會地位的男性很受女性歡迎，但對於都市裡的低收入男性與農村的男性來說，結婚就成了遙不可及的夢。特別是在世界貿易組織（WTO）體制出現之後，農產品的價格不穩定，許多農村的單身漢更難累積到組成父系家庭所需的財富。就韓國農村地區的情形來看，一九九五年時，十五歲以上的未婚男性為一八五萬八千三百人，未婚女性為一〇五萬三千人，男性的人數比女性多了八十萬五千三百人。而二十歲以上、未滿四十三歲的未婚男性為七十三萬九千五百人，跟女性的二十一萬三千兩百人相比，差異超過三倍。[9]一九八〇年代中期以後，隨著大眾媒體出現，電視上「結不了婚的農村單身漢」自殺的新聞，對於把結婚當作男性理所當然的權利跟義務的韓國社會造成很大的衝擊。韓國社會盲目地賦予結婚極為重要的價值，卻無法成功改變社會結構來獎勵與維持婚姻制度，因而產生了結構性的社會問題。這是韓國社會長期漠視男女平等的

＊編按：通過儀禮（rite of passage），指「為了突顯個人一生必經的過程而舉行的儀禮，包括生產儀禮、成年禮、結婚禮、喪禮」（引自扈貞煥，《韓國的民俗與文化》，臺灣商務印書館，二〇〇六年）。

9 韓國農村經濟院資料。轉引自鄭浩俊，《有關統一教國際祝福家庭的成立：以釜山教區為中心》，鮮文大學神學院海外宣教科系碩士論文，二〇〇一年，頁一八。

價值觀、民主化的家事分工，以及育兒、照顧老人、教育等國家社會應該共同分擔的領域所造成的結果。然而，在缺乏處理問題的決心與努力之下，國際婚姻輕易地成為解決的方案。全國各地的國際婚姻仲介如雨後春筍般冒出，除了教會、公司與各式各樣的社會團體，報紙和電視等大眾媒體也開始製作幫農村單身漢找對象的節目。許多日本女性藉由統一教跟韓國的農村單身漢結婚，韓國男性與中國朝鮮族女性以及俄國境內的海外僑胞之間的國際婚姻人數增加，還被強調是「血脈的重新結合」，特別是中央政府與地方自治團體的積極介入，獎勵韓國男性的國際婚姻，以營利為目的進行婚姻仲介的業者彼此結盟，造成國際婚姻的件數短時間內大幅增加，以韓國男性與外國女性的結合為中心的國際婚姻仲介，也漸漸成為以利益為導向的「跨國企業」。

二〇一〇年，國際婚姻占了韓國全體婚姻的百分之十一．一，在特定的農村地區甚至達到百分之四十。難以跟本國女性結婚的都市男性也開始到國外找尋結婚對象，實際上，國際婚姻家庭中有百分之七十是居住在都會區。國際婚姻並不只是結婚當事人的私人問題，更是為了解決地區結婚人口不均衡而組織性動員其他國家女性的移民問題。所有婚姻移民中，有百分之八十四為女性，二〇一七年在韓國居住的外籍配偶中，女性人數達到十二萬九千三百七十人，若是包含已經取得韓國國籍的歸化者，則達到二十四萬人。

考慮到國際婚姻家庭中的外籍配偶未來將會成為韓國小孩的父母，這也使得他們成為了韓國社會裡最早的定居移民。

國家為了解決人口危機而獎勵的國際婚姻，造成不同文化圈女性的移民，也帶來了意想不到的新局面，家庭與地方社會因不同國家出身的婚姻移民女性，而動搖了原本要求母親應該為子女扮演的社會角色。對於文化認同的混亂與混合的恐懼，讓韓國多元文化家庭的基本結構，過度集中在要求婚姻移民女性與韓國文化同化，這忽略了韓國人民與外來移民從其他文化圈所帶來的多元文化之間的開放與交流，而將他們的同化理解為統合的必經之路。二〇〇六年之後，韓國的多元文化家庭支援政策逐漸成形，這也是韓國社會出現的第一個統合外國人的政策。

◆問題與回答

韓國的形象與移民的現實

韓國社會文化的變遷與全球性地位的提升，讓選擇移民到韓國的人不停增加。除了快速的經濟成長之外，韓國社會過去並沒有特定印象，因而成為外國人能自由發揮「想像力」的國家。一九八〇年代中後期，民主化運動與勞工的抗爭，給渴望民主主義的亞洲人民帶來了勇氣與感動。金大中總統獲得諾貝爾和平獎以及潘基文擔任聯合國主席，讓韓國的形象躍升為保護人權的國家。韓國社會開始意識到全球化下的責任，在一九九二年形式化地加入了難民協約，二〇〇一年第一次接受了埃及的難民，之後每年的難民申請人數都不斷增加。

此外，韓流的出現刺激了國際對於韓國社會的想像。維基百科用「韓流」這個新詞彙來稱呼一九九〇年代韓國大眾文化漸增的人氣，韓劇以東亞與東南亞為中心大受歡迎，顯示韓國在社會文化方面極具魅力。而由韓國年輕人主導的KPOP文化中也有很多具有天賦的歌手，將韓國文化活躍地傳遍了全世界。國外的青春世代把韓國當作一個年輕且現代化的「實現夢想」的國度，透過全球網路跟同年齡層的人共享追求韓國的渴望，許多外國人為了學習韓語而來到了韓國，這樣的「文化移民」是一種新的移住型態，現在在韓國的短期外國移民相當多元，很難輕易地將他們分類。

這些移民隨著韓國社會快速的變化，來到韓國的目的與動機也相當多元且複雜。一九八八年藉著同胞歸還的方式來到韓國的朝鮮族女性，她們的目的除了回歸故鄉外還有找工作，其中萊茵便是一九九〇年代來到韓國的無證移工，人口仲介建議她不要去日本而意外地來到了韓國。另外，緬甸[10]難民泰迪為了學習韓國的民主主義在一九九三年前來；馬來西亞大學生庫翁則在二〇一三年為了追尋「PSY的國家」而來，韓國雖然有分裂中國家的戰爭危險，但豐富的經濟、文化、社會資源，仍吸引了許多人前來。

---

10 緬甸的政治難民不稱呼自己的祖國為「緬甸」，而是稱作「冕馬」（緬甸語的發音），代表他們不承認軍政府的統治體制。

以獲取利益為主的大眾文化產業，是一種販賣欲望的產業，並不適合用以了解社會的實際狀況，很多移民想像著資本主義與自由文化的生活來到韓國，而對韓國社會感到非常失望。許多人表示移住前對韓國的想像，跟他們實際體驗到的生活有很大的差異。雖然最初到達仁川國際機場時懷著興奮的心情，但隨著到比故鄉還要落後的山間農村裡的鄉下工廠、不停更換工作地點，在被束縛的生活中，他們感到失望與害怕。在出入國管理局只能使用韓語和英語，在與雇主、同事以及韓國丈夫跟家族的來往之中，母語不斷被壓抑，還被迫要盡快適應吃泡菜的生活。這時他們才了解到大眾文化中那些外表華麗、幽默、活力充沛、洗鍊與善良的韓國人實際上並不多，日常生活裡更常遇見的是惡言相向又嘮叨的韓國人，以及把外國人當成小孩或認為他們智商不足的韓國人。原以為在外貌上差異並不大、應該不會受到差別待遇的越南勞工，難以理解韓國人為何這麼輕視其他亞洲人，即便比較親切的韓國人，也是抱著同情與施捨的心態，而不是用擁有平等人權的態度來對待外國人。從剛果來的難民申請人亨利，聽說韓國是基督教大國，期待受到教會兄弟姊妹般的對待，但來到韓國後卻面臨種族歧視，被他稱為「神給他的最大考驗」。這些情形只是單純適應上的問題，還是該看作能隨著時間而克服的問題？

了解他人的生活

原先極度封閉的韓國社會，從一九九〇年代金泳三政府宣告「世界化」時代的來臨，以及二〇〇六年盧武鉉政府宣布「往多元文化、多民族社會前進」後，投入了全球逐漸開放的潮流之中。韓國社會正因為移民的加入而經歷社會變化，更引發了對於國民性的認同，以及如何接受、對待移民的社會討論，過去被認為理所當然的「韓國人」概念開始被重新定義，有人主張文化的多樣性是社會活力的來源，也是經濟活躍的要素，這樣的變化是韓國歷史上從未經歷過的。國民對於移民的存在仍舊相當陌生，常把他們當作穿過堅固的防護牆進到韓國內部的潛在威脅。有關外國人犯罪率增加、外國人密集居住地成為犯罪危險地區的新聞，更加刺激了韓國人的防禦本能，現今多數人都活在先住民與移民文化的交界地帶，雷納托．羅薩多便認為那些身處文化交界地帶、過去在堅固的範圍裡形成自我認同的人們，會產生「交界地帶歇斯底里」（borderlands hysteria）的症狀。[11]

11 雷納托．羅薩多（Renato Rosaldo）著，權淑仁譯，《文化與真實》，Acanet 出版社，二〇〇〇年，頁六八（Renato Rosaldo, *Culture and Truth*, Boston, MA.: Beacon Press, 1989, 1993）。

跟不同人種、性別、年齡、國籍、生活型態、地位的人之間的文化交流地區就是交界地帶，對於把自身的文化認同當作根本的人來說，處於這樣的地帶可能會產生神經質般的情感，也就是會用疑心、恐懼、擔憂、彆扭的情感來接觸他人的文化，這樣的情感有時會轉化為輕視、種族歧視的語言或是肉體上的暴力。問題在於移民本身並不是造成這種狀況的根本原因。就像韓國人為了追求更好的未來和生活而移民海外一樣，這些人也是難過地跟家人離別而來到韓國的；就像韓國人把夢寐以求的海外移民，跟自由移動、冒險與挑戰、機會與財富累積這樣的詞彙連結在一起，來到韓國的移民也是積極進取、勇於挑戰的一群人。當然這些可能只是從「交界地帶歇斯底里」移動到下一個階段的成長必經過程。韓國人是否仍然固守著單一民族的國民國家神話，還是願意跳脫出來接受跨國性與混合性的自我認同？要將外國人當作施惠與處罰的對象，還是把他們當作跟自己一樣擁有人權與社會權利的對象？這將會是下一個階段最重要的問題。

外國移民被當作克服韓國社會危機最簡單的方法，這些人集中在「危險」、「落後」、「3D」、「最低工資」且「傳統」的領域中，我們還要繼續忽略這樣的現實嗎？藉由引進移民才能延續下去的韓國社會，還要繼續放任對他們的忽略與榨取嗎？這本書是為了找尋這些問題的解答而寫的，主要針對移民的情動（migrant affect）與移民造成的影響進行研究。吉爾·德勒茲將情動（affect），看作是以感情、知識、資訊與溝通的情感交流所產生的影響人們行動的能力。[12]「移民的情動」指的是來到韓國的移民，在職場、家庭和地方社會如何經歷與理解感情跟資訊，在移民與先住民的關係之中，他們感受到了什麼，又是怎樣下定義，並因此產生何種感情結構與行動能力。韓國社會為了解決經濟發展和社會再生產的危機而需要外來的移民，但卻未能提供他們公正的社會環境，只是為了一時方便而將他們引進來，隔離在邊緣化地帶，認為可以對他們視而不見，只當作有用的資源來利用。但是移民也是會移動和分析的行為者，不斷地向韓國社會拋出質問，移民很了解自己的權利在移住國受到怎樣的限制，並在這樣的處境與限制中對生活產生新的信念，他們並不想要完全開放或是完全服從，只想要透過協商來改善先住民與移民、國民與非國民間的階級差別待遇。移民所經歷的空間並不是與先住民隔離開來的，而是一個在連結與隔離、提問與應答、不理解與和解、輕視與同感的行為中，並在複雜交錯的感情裡逐漸擴大的民

12 吉爾·德勒茲（Gille Deleuze）著，〈情動是什麼〉，徐昌玄等譯，《過度非物質勞動》，Galmuri 出版社，二〇〇五年，頁二一一～二三八。

主主義空間。

移民仍然是社會上的少數，沒有表現自己生活和認同的管道和權利，因此韓國的主流媒體與網路上所流通的、有關移民的資訊與知識，並不能代表他們的聲音與現況，而是我們想要看見的移民形象。這本書裡談到的移民，只包含了很小一部分的現況，希望透過這些故事，能夠呈現出移民跟韓國社會的關係，了解韓國人看待移民的態度，期盼能找出並回應移民問題的方法。

移民的生活相當多變，有學者指出，若是只憑著移住的動機與居留的資格來分類，反而無法呈現出他們的特性。[13]他們的生活是浮動且複雜的，身為文化人類學學者的我，雖然習慣性地擁護文化的多樣性，但也不能否認，在韓國社會成長的人常會有偏頗國民國家的認同觀念。我寫這本書是希望能更了解這個世界，公正地描述這群懷抱責任與希望且不停地往前開拓、在新自由主義的經濟體系中為了尋求機會而不得不移動的人們。跟這些移民的來往讓我獲得許多成長，希望本書的讀者未來也有機會跟他們接觸。

13 邁克．薩默爾斯（Michael Samers）著，李永閔等譯，《移住》（*migration*），青路出版社，二〇一三年，頁三三。

第二章
韓國新移民的生活與工作

◆ 匯錢與愛情
——越南婚姻移民女性的成家

韓國生活說明書

1. 必須為了盡快適應韓國的生活而努力。
2. 剛來韓國不久時，不應該說要資助家人或想找工作。
3. 永遠不應該無故離家出走。
4. 一結婚就應該馬上有孩子。
5. 必須承認夫妻在性格上的差異，並努力改善。
6. 要尊重韓國配偶目前的經濟實力和生活水準。
7. 絕不應該用任何言辭或行動將配偶的經濟實力、生活水準和個性與其他人的配偶做比較。

8. 在韓國，已婚的婦女不應吸菸。
9. 韓國男人喜歡這樣的女人！
・一個真心認定丈夫、遵循丈夫意見的女性
・聽見情話時懂得撒嬌的女性
・善於撫養父母和孩子的女性
・勤儉的女性
・適應韓國生活的女性
10. 在學習上述情況時，必須要養成做筆記的習慣。[1]

以上是某個婚姻仲介提供越南女性到了韓國之後要遵守的清單。這份清單顯示了越南外配在韓國應該扮演的角色，以及她們應該表現的態度。雖然婚

1 金賢美、金基敦、金敏貞、金正善、金哲孝，《僱用許可制施行以後，蒙古與越南人的移民與國際婚姻上所發生的人權侵害現象調查》，國家人權委員會，二〇〇七年，頁一三三～一三六。

姻是兩個人之間的親密和感情問題，但國際婚姻能否成功，卻要看越南女性能否扮演好被期望的媳婦與妻子角色，她們的行為態度也要能夠達到要求，像是感到失望的時候，仍應該懂得看丈夫的臉色而不抱怨等。這樣的角色是一個非常過時的性別觀念，已經很難期待或強迫現代的韓國年輕女性做到。大多數韓國人認為越南女性還沒有個人主義化、性別還未平等，就像活在過去的時代，所以韓國婚姻仲介公司會透過這些指導方針來「訓練」越南女性，然而她們卻跟韓國人想像的不同。越南女性在成長過程中，學習了社會主義在社會中的性別平等意識型態，並且被教導不分性別都要工作，這是存在感的表現和社會性的義務。因此，與韓國男性結婚的越南女性並非自然而然地順從或是以家庭為重，而是被塑造出與期盼相符的新人格，「表演」出韓國人期待的女性特質。越南女性被要求放棄從小到大習得的身分認同，學習如何成為韓國人的妻子與媳婦，並努力實踐。對她們來說，國際婚姻會遇到的問題不僅是能否遇見一個好丈夫，還得在「連根拔起」與「落地生根」的過程中建構新認同感，是一項極具挑戰性的任務。

本節將描述自二〇〇三年以來劇增的越南婚姻移民「成家」的過程。即使越南女性習慣並適應了韓國家庭文化，也不代表順利完成了成家的過程。整個過程當中，家庭的概念一直變化跟擴張。在漫長的婚姻之旅中，越南女性實際經歷了過去只在想像裡出現的韓國。她們以外邦移民的身分進入了韓國社會，開始成為積極的行動者，解決家人之間的矛盾，並且不斷摸索新的可能。韓國丈夫用現代韓國女性難以達到的服從標準來要求越南女性，但這樣的要求通常無法實現。

因為婚姻並不單單只是男女之間的功能結合，而是一種包括感情、親密、信任、理解和夥伴關係在內的生活行為，婚姻的維持可以解決人與人之間產生的各種經濟、文化和情感危機，這取決於雙方能否相互理解。因此，經由韓國的多元文化家庭支援政策，快速吸收並被同化的女性移民，在丈夫的威權與強制下所產生的服從，只不過是一種暫時性的現象。

近年來發展迅速的國際婚姻，是一種發自底層的實行，在不同兩國生活的貧困公民透過異性戀婚姻的形式結合組成家庭，來解決經濟方面的危機。在新自由主義經濟快速發展的過程中被邊緣化的越南女性，與韓國低收入的男性組成一個超越國家邊界的家庭，這樣的選擇雖然具有創造性，但同樣具有不穩定性。

為何選擇國際婚姻？[2]

我在二〇〇五年、二〇〇九年和二〇一二年在越南北部的河內和南部的胡志明市進行了現場調查，每次訪問時，社會變遷的速度都讓我感到非常驚訝，飆升的物價、新的購物中心和豪華住宅區的變化令人相當擔憂。隨著社會主義國家迅速推進改革開放，旋風般地融入全球資本主義的秩序中，越南的人民也正在經歷消費資本主義的福利與災難。改革開放以來，越南農村地區已成為所謂的「新自由主義重組」的目標，在引入自由市場經濟原則的國家，放寬價格管制並停止對地方合作社的援助，更加速了農民的貧困化。地方小農雖然很想成為全球流通新產品的消費者，卻沒有辦法累積財富，特別是越南南部湄公河附近的農村地區，洪水等自然災害頻仍，若是房屋突然遭毀損，也沒有「公家機關」可以依靠。在越南政府未積極投入昂貴的基礎設施建設和社會發展的情況下，貧困的農村人口必須尋找以個別家庭為中心的生存策略。

越南一年可以收成三次，但機械化相當不普及，因此仍然需要使用水牛等牲畜或親手耕種。種稻、除草和收割的勞動主要由女性來擔任；男性則負責粗重工作，如拉水牛或整地，且女性必須從早到晚不停從事採摘雜草等繁雜的工作。[3]這種艱苦的勞動往往會由母親傳承給女兒。了解自己命運的年輕女性當中，有些人夢想著更美好的未來，而與外國人結婚便是其中一種可行的選項。在越南，甚至把還未結婚的女兒稱為「家庭內的炸彈」，可見關於婚姻，來自父母的期望和壓力有多大。[4]特別是最近在大城市，製造業和服務業的工作不斷增加，越來越多女性離開家鄉到附近的城市工作，但是由於工資低且生活成本高，遷移到城市的女性很難有餘力幫助家人。國際婚姻於是提供了更多的可能性和希望，而且擴大了移動的地理範圍。事實上，女性在未支付高額費用的情況下能夠移居國外的方式並不多。國際婚姻是資本主義經濟中，女性認識其他富裕國家男子的唯一途徑，並且不

---

2 越南推動國際婚姻的社會脈絡與結婚仲介部分，參考〈全球國際婚姻的性別政治：以韓國男性與越南女性為例〉，《經濟與社會》七〇，頁一〇～三七。

3 在現場調查期間遇見的一位越南專家指出，越南的男性「擁有拚上性命達成社會主義政權的自負，並認為男性的性別角色就是從事政治活動之類的大事」。他們基於這樣的想法，而對農務或耕田等日常經濟不感興趣。

4 越南農村地區的父母認為女兒長到二十四、二十五歲左右就成為家裡的負擔，或者是威脅到家庭內社會經濟的未爆彈。參考 Le Bach Duong, Danièle Bélanger, Khuat Thu Hong, "Transnational migration, marriage and trafficking at the China-Vietnam border", In Isabelle Attané and Christophe Z. Guilmoto(eds.), *Watering the Neighbour's Garden: The Growing Demographic Female Deficit in Asia*, Paris: Committee for International Cooperation in National Research in Demography, 2007, pp.393-425.

需要移民費用。農村和城市的貧困家庭脫離貧困的方法之一，是將女兒嫁到韓國、台灣或新加坡，除此之外沒有其他辦法能讓生活轉眼變得富裕。

在黎氏貴針對嫁到韓國和台灣的越南女性原生家庭所做的研究中，充分呈現了越南村莊中「孝」的概念是如何發生變化。在貧窮的越南農村地區有一項傳統，女性即使結了婚，仍然會住在父母家附近且保持親密的關係，共同耕種並實踐孝道。[5]由於家庭對越南人來說非常重要，所以即使到遠方去可能會成功，女性也很少離開家園。但最近隨著女性國際婚姻的登場，孝的概念開始發生了變化。村落中出現許多「顯而易見」的改變，例如外國丈夫提供新房、購買土地、經營養蝦場，而為越南家庭提供現代化的象徵——如摩托車和電器——更助長了國際婚姻的「成功神話」。如今對於越南女性來說，國際婚姻不僅被視為改變未來的選擇，也被視為表達孝心的方法。一個村子裡就算只有一個家庭是因為國際婚姻而致富，仍會被所有人認為是可行的方案。女兒因國際婚姻而離開家庭雖是一件難過的事，但國際婚姻被當作一種家庭策略，目的是要克服市場經濟體制轉型變化的過程中產生的經濟性和社會性的不安。在過去，女性通過幫忙父母的農務和保持情感聯繫來盡到做女兒的責任，現在則被要求透過移民一次且立即地改善父母的生活。在這種情況下，越南農村地區和城市地區的低收入家庭便形成了對婚姻移民的依賴。二〇〇九年來到韓國的符廷蘭用「地板」、「屋頂」、「摩托車」來形容期待透過國際婚姻產生的物質變化。把女兒嫁到國外的家庭，會先在泥巴地鋪上地板，接著把屋頂和牆壁換成水泥，最後則會買摩托車。因此，通過國際婚姻產生的外匯，是將越南農村變為消費市場經濟的重要外部資源。

另一方面，過去在社會主義之下被壓抑的對現代消費和浪漫愛情的渴望漸漸獲得重視，這樣的時代趨勢也和國際婚姻息息相關。近年來，韓國流行文化的普及使得「韓國」成為一些女性新的追求目標。在參加短時間內必須決定配偶的相親之前，婦女長時間無意識地想像她們與韓國男人的戀情，從而影響了決定結婚的過程。大多數婚姻移民女性在觀看韓劇的同時，把韓國的形象想像為經濟發達、城市繁榮、農村也像度假村一般。最重要的是，韓劇中男女之間的戀愛和韓國男人友好的形象刺激了她們的幻想。

越南婚姻移民女性黃女士表示，她是在非常「情緒化」的情況下決定了國際婚姻。

5 黎氏貴（Le Thi Quy），〈移住女性家庭的變化：從越南到韓國與台灣〉，《全球化下亞洲的移住與性別研究》，梨花女子大學亞洲女性中心企劃，許羅金編，Hanul 出版社，二〇一一年，頁二一七～二一八。

2012 年韓國女性財團主辦的「飛吧」娘家訪問計畫，活動中韓國丈夫與越南太太利用食物來表達對彼此的感情

越南在七月到八月時降雨量相當大，雨季無法外出工作的時候，得在家裡待上好幾天，那時便天天看韓劇，外面下大雨的同時，我在家裡逐漸陷入了韓劇的魅力之中。韓劇中的一切看起來都很美好，我希望這樣的生活能在自己的未來實現。[6]

韓劇中的韓國男性看起來都很親切、深情且負責任，而且在移民的幻想中充滿了男性所能提供的舒適家庭和浪漫愛情。然而，這並不意味越南女性是在不具備任何資訊的情況下無知地選擇結婚。她們知道越南女性因為韓國丈夫家暴而死亡的事件，並透過「國際婚姻事前情報」了解韓國男性的階級狀況，已經移居韓國的親戚朋友所講述的故事也是她們決定移民的重要資訊。儘管如此，國際婚姻的失敗案例往往被隱瞞，隨著引人注目的成功案例在村裡傳開，讓她們相信自己也可以擁有這樣「幸運」的婚姻。

韓國男性也喜歡越南女性。由於韓國軍隊曾在越戰時屠殺越南平民，因此仍有許多村莊不歡迎韓國人，卻也有一些韓國男性認為韓國軍隊是越南的「救世主和征服者」。由於歷史上的性別歧視形象，韓國男性認為與越南女性結婚較容易。有些男性則因為某些實際的考量而更喜歡越南女性，像是越南女性的膚色比其他亞洲女性白，即使生下第二代，也看不出與韓國人有什麼不同。然而，韓國男性偏好與越南女性建立國際婚姻並非自然現象，而是刻意製造出來的結果。國際婚姻仲介常帶領韓國男性前往越南，因為在越南經營這樁生意相對容易，而且可以賺取很多利潤。[7] 像過去流行過「越南女性，絕不逃跑」或「地球上最後一位天使」的廣告橫幅，吸引了韓國男性進入與越南女性的國際婚姻市場。

6 金賢美，〈結婚移住女性的家庭建立：作為文化交接地區的翻譯者〉，《比較韓國學》一八（三），二〇一一年，頁一一六五。

7 韓建秀、薛東勳，《結婚仲介業實態調查與管理方案研究》，保健福祉部，二〇〇六年；高賢雄、金賢美、蘇羅美、金正善、金載媛，《國際婚姻仲介體系：越南與菲律賓現場調查》，貧富差異改善委員會，二〇〇五年。

在過去幾年中，每年平均有七千至八千名越南女性與韓國人結婚，使得「韓—越」夫婦成為了國際婚姻的代表象徵。

觀光型相親

對韓國男性來說，參加「觀光型相親」絕對不是一件容易的事情。不懂對方語言和文化的男女要在幾小時內決定要不要結婚，令雙方都很尷尬。

選擇國際婚姻的女性參加相親時，會從家裡往返或住在集體會所裡，這些女性通常每天相親一次，週末則會去四到五個地方參加相親。在越南，商業的經紀行為是「非法」的，所以必須要迅速移動以躲避警察的取締，此外，她們去相親時內心會感到羞恥。具有強烈自尊心的越南人，會責備這些女性是「為了追逐金錢才拋棄國家跟外國人結婚」，遇見她們的時候也會用異樣的眼光看待。相親的壓力隨著時間流逝而增加，每位女性都希望有人選擇自己作為配偶，當一位韓國男性最終選擇了自己時，甚至會用「合格」來形容。

另一方面，韓國男性也相當緊張，因為他們必須從幾十個相似的女性中，以外表和印象來選擇一位婚姻伴侶。事實上，大多數仲介經常要求女性穿低領的短袖棉質T恤和牛仔褲，因此光憑外貌很難區分。對於韓國男性來說，相親也不是什麼愉快的經驗，甚至有人把集體相親形容為「畜牧產品市場」。這表示他們覺得自己所處的情況是違反人性的，而且令他們感到不快和荒謬。過程中，一名韓國男性會與五十至三百名越南女性會面，觀光型相親助長了將女性商品化的風氣。[8]當有數位韓國男性要相親，為了防止多人競爭同一位女性，習慣上會讓一位男性同時與多名女性見面。如果情況不允許，幾位男性得同時相親時，有時會讓年長的男性優先挑選結婚對象。

並非所有韓國男性都是自願選擇國際婚姻。在韓國，父母將完成子女的婚姻視為生前應盡的義務，年長的父母擔心他們的兒子年齡過大，因而逼著他們進入國際婚姻市場。

---

8 《國際婚姻仲介業者法案》是以《消費者保護法》為基礎的法律，將韓國丈夫當作支付費用的消費者，並把婚姻移民女性當作商品或服務。這項法律在韓國國內外受到很多批評，因為它導致了「女性商品化」。最近修訂的《國際婚姻仲介業者法案》並沒有解決此法的問題根源，只增加了包括禁止一對多國際團體相親行為等項目。然而，仲介仍舊透過各種方式保障韓國男性的選擇權利。

同床異夢的家庭

外籍配偶來韓國後受到的第一個衝擊就是丈夫的「家」。與韓國不同，在她們的國家，城市和鄉村的生活方式是完全分離的，因此寬敞的建築物和田地是居住的基本要素。然而，外籍配偶和丈夫一同居住的地方，卻往往是城市裡的頂樓加蓋、套房、貨櫃屋或山巒環繞的孤立農舍，懷著滿心期待來到韓國的越南女性對這種居住環境感到非常失望。在狹窄的空間裡，丈夫或婆婆總想要控制和監督自己的所有行為，因而產生一種被監禁的感覺。[9]

當外籍配偶發現移民之前的期望和初定居的現實完全不同，便會開始規劃生存策略，決定要與丈夫建立何種關係，並以什麼代價交換。由於越南女性相對年輕，需要一段時間才能適應作為年長韓國男性的配偶，即使結了婚，也很難成為能參與決策、擁有平等關係與尊嚴的妻子。除了擔心在韓國唯一能依靠的丈夫會討厭自己，又因語言不通而時常感到鬱悶，並擔心丈夫外遇。

大多數越南女性來韓國前並不知道她們的丈夫在韓國社會的階層，以及韓國的平均生活開銷。一名越南女性施芙英抱怨說：「我的丈夫若在越南還算富裕，但卻對我非常吝嗇。」問她知不知道丈夫的工資是多少？她回答兩百萬韓元。很明顯地，這樣的生活費用對一個住在首爾的五口之家來說並不夠。施芙英和公婆住在一起，家裡還有丈夫與前妻所生的女兒，但因為她把韓元換算成越南幣來計算，而誤認為她的丈夫賺很多錢。最重要的是，施芙英來到韓國已經兩年了，卻對韓國的物價一點概念也沒有，因為丈夫並沒有給她任何零用錢。來韓國後，她曾跟公婆一起出去買了幾件衣服，那是她唯一一次為自己花錢，有時她還會穿就讀中學的繼女沒在穿的衣服。因為婆婆會去市場買菜，而從手機到衛生棉都是丈夫買給她的，所以她對物價才沒有任何概念。施芙英在家裡一直被當成孩子，沒有被賦予適當的家庭成員身分，在韓國生活兩年後，她現在白天仍被公婆拉著去學韓語。

此外做丈夫的也很難慷慨大方地對待外籍配偶，因為周遭常會聽到假結婚或結婚沒多久就逃跑的各種謠言和訊息，所以丈夫往往習慣用陌生和懷疑的態度來觀察和評估自己的妻子。即使有感情，但兩個人是否能成功建立家庭，仍取決於他們對彼此的努力和表現的

9 金賢美，〈結婚移住女性的家庭建立：文化交接地區的翻譯者〉，《比較韓國學》一八（三），二〇一一年，頁一五三～一五四。

認同。對於婚姻移民女性來說，要在韓國安居就必須要生孩子。韓國丈夫開始信任妻子主要是在她懷孕生子之後，有時丈夫還會因此將經濟權移交給妻子。同樣的，有許多女性表示來到韓國後最快樂的時刻就是生下第一個孩子時。除了本性對孩子的愛，她們還強調孩子的出生是在韓國第一次擁有了「自己家人」的「大事」。在韓國沒有親戚之類遇到困難時能提供協助的社會網絡，在社會上總是被韓國人當作「外國人」，因此孩子的出生是與自身相關的家庭成員誕生的重大事件。在與丈夫缺乏親密性的情況下，許多婚姻移民女性認為只有兒女能讓她們遺忘孤獨和焦慮的生活。

此外，學習韓語是一項重要的指標，表示她們正在努力適應韓國社會。韓國丈夫很在意周遭對自己配偶的韓語能力與學習態度的評價，[10]精通韓語被認為是一個韓國孩子的母親理所當然的責任。越南移民女性的任務包括照顧公婆、打掃烹飪、家務勞動等家庭內的再生產活動，以及生兒育女的人口生產活動，還有學習韓語在內的文化再生產活動，除此之外，也要從事勞動來補貼丈夫的收入。婚姻移民必須在多重的要求下組織家庭，還要符合國家社會對融合的要求。大多數婚姻移民女性認為，這些要求讓她們總是疲於奔命，而且只要求婚姻移民女性單方面努力，讓她們感到相當不公平。

丈夫不僅不願承認自己沒有能力實現妻子的夢想，還試圖以暴力、壓迫與無視來逼迫她們順服，而丈夫的權力則來自韓國家庭、地方社會和國家所主導的強烈父權主義中心的優越意識。越南女性與韓國男性之間的國際婚姻經常會有缺乏溝通、權力差異和經濟貧困的情況。一些丈夫將對「亞洲女性」的錯誤偏見內化，把自己的妻子當作陌生人看待，部分受訪的丈夫則常用「韓國人都這樣說」來開頭，強調越南妻子在文化上的差異特徵，並形容那是落後與令人厭惡的。有些丈夫將國際婚姻視為一種試煉，解釋他們如何克服與妻子的衝突，並強調「自我犧牲」的重要。

跟他人同感是國際婚姻中組織家庭時最必要的文化能力。其中，承認自己結婚的動機和妻子移民的動機，並努力在婚後創造親密關係，是穩定家庭最重要的手段。透過仲介而結婚的男性，雖然只跟女性短暫見面，卻相信妻子是因為對自己有好感而結婚。朴炳寬在和越南妻子吵架時，因為憤怒而脫口問了一個以前從未問過的問題：「妳為什麼要嫁給我到韓國來？」這位二十二歲的妻子回答：「趁年輕時去外國一直是我的夢想。」朴炳寬本

10 沈英熙，〈韓國國際婚姻：趨勢、爭議與適應問題〉，收錄於烏利西．貝克（Ulrich Beck）等著，韓相貞、沈英熙等編，《處於危險的家庭未來》，新浪潮出版社，二〇一〇年，頁一七八。

來期待比他小二十歲的妻子回答：「因為喜歡你才來的。」因此妻子理直氣壯的態度讓他感到相當驚訝。

> 現在想想，反而覺得妻子坦率地回答是一件值得慶幸的事。我年輕的時候也曾想要離開韓國到海外去賺錢，雖然因為情況不允許，最後沒有出國，但畢竟曾經有過那樣的夢想。我的妻子當然也會想脫離貧窮的越南去別的國家，選擇國際婚姻的女性非常勇敢。我缺少勇氣而沒能出國，年輕時不懂事，浪費了許多時間在玩樂上，反觀這些女性，年紀輕輕卻能做出這樣的決定。

朴炳寬將妻子移民的動機與自己年輕時的冒險心態以及「脫逃」的欲望相連結，認真地重新思考和理解妻子。他又說道，妻子是為了過好日子與體驗外國生活而選擇嫁到韓國，至於他們之間會不會產生愛情，則視身為丈夫的自己所表現的行為和態度而定。朴炳寬因為認同了妻子移民的動機，因而更接近真正的愛情。

匯錢與愛情

與越南婦女結婚的張秀永說：「匯錢是國際婚姻男性所必須背負的十字架。」妻子想要透過國際婚姻拯救她的家人，而了解這個事實的丈夫，無論願不願意，都不該讓這樣的期望落空。然而，大多數韓國丈夫會因為「匯錢」而懷疑婚姻的真實性，或者把妻子將資源送往國外的行為當作是種背叛。韓國丈夫認為妻子手裡有現金會促使她逃跑，只有讓妻子在經濟上有所依賴，她才會「不胡思亂想地乖乖一起生活」。

大多數婚姻移民女性來韓國的時候會期望得到具體的經濟補償，就算沒有立即得到經濟補償，也相信如果自己在韓國扮演好配偶的角色，丈夫便會開始匯錢。然而，與勞工移民不同，婚姻移民女性並非進入生產的領域，而是進入再生產的領域，也就是沒有工資的家庭領域，因此對匯錢的期待很可能無法實現，而且就算實現，也可能隨時會中斷。通過匯錢資助越南家人是非常不穩定且難以預測的行為，為了促使丈夫匯錢，妻子試圖努力實現犧牲、信賴、親密性和母性等「價值」。移民女性很難開口要求丈夫匯錢，越南女性之間流傳著這樣的說法：「婚後六個月內別跟丈夫談錢的事，免得對方以為自己是為了錢結婚。」雖然國際婚姻的動機之一是經濟考量，但她們仍希望婚姻本身不會被視為「經濟交易」或「談判」。越南女性不像過去在封建主義下因為家庭的逼迫或貧窮而無可奈何地結婚，她們是基於自己的意願而結婚，因此認為急於要求匯錢的表現並不適當。

匯錢在建立韓國男性和越南女性家庭的過程中具有相當重要的意義。這是丈夫和公婆對移民女性的努力所給予的認同，有助於將兩個家庭連結成一個家庭，亦即連結移民女性離開的地方（母國）和生活的地方（韓國）。這些錢被用在蓋房子、兄弟姊妹的教育和讓家庭經濟自立，是越南女性和韓國丈夫的一種「力量」，表現出他們在家庭中的存在感。[11]匯錢與婚姻關係所建立的親密性、愛情、關心和親屬網絡的功能是不可分割的。由於經濟資本不足的韓國丈夫無法立即匯錢給妻子在越南的家人，夫婦便會一起擬定匯錢的計畫，在實現的過程中，彼此會漸漸取得信任並建立夥伴關係。

二〇一二年，我到海防參觀了阮玉英的房子。當時在空地上蓋新房子的工程因為錢不夠而中斷了，已經過了兩年房子還未能蓋好。兩年前，阮玉英的丈夫來到岳父母家，贈予了五千美元，但由於越南物價急劇上漲和原物料價格上升，這筆錢還不足以蓋好房子。阮玉英跟丈夫金浩哲還有兩個孩子住在月租的房子，經濟方面也沒有餘力，光要為孩子的教育省錢就已經很辛苦了，這樣的情況下，不可能再匯錢回去。阮玉英是家裡的長女，對於無法照顧弟妹還讓父母操心，感到很抱歉而常常掉眼淚。金浩哲說：「我想扮演一個好女

阮玉英的房子只蓋到一半，當父親到韓國賺了錢後就會將房子蓋完

婿，但很可惜我的能力不夠。」這對夫妻意識到，隨著孩子逐漸成長，他們將難以再匯錢去越南。他們為了讓雙方的家庭都能生活得更好，而做了幾項決定。阮玉英在家附近的餐館找到了一份差事，金浩哲則邀岳父來韓國，並幫助他找到工作，讓他能夠自己賺錢回去。阮玉英興奮地說：「我在餐館賺到的錢直接匯進我的帳戶，我的丈夫說我可以隨意使用這筆錢。」起初雖然是一段沒有感情基礎的婚姻，但因為感謝丈夫的熱情和彼此身為合作夥伴的關係，現在她則說她愛著自己的丈夫。他們兩人即使在有限的生活條件下，也試圖為自己的選擇承擔

11 許永淑，《婚姻移民女性的母國家人支援》，Hanul 出版社，二〇一三年，頁八七。

責任，在結婚六年之後，如今似乎已經產生了同伴意識和情感上的連帶感。

反向移民——克服生存危機的跨國對策

夫妻年齡差異過大的國際婚姻，隨著時間的流逝正面臨新的危機。韓國男性年齡漸長，經濟實力逐漸減弱，越南女性則擔任了支持生計的重要角色。教育費和各種支出費用隨著孩子的成長而增加，匯錢回家變得更困難，韓國丈夫不得不認真考慮會活得比自己更久的妻子和孩子的未來。此時，反向移民到越南是一個具體且並不新奇的計畫。雖然有些家庭是全家都搬到妻子的國家，但也有的家庭是夫婦留在韓國賺錢，只將孩子送到越南接受教育。

反向移民是經濟不穩定的國際婚姻家庭為了生存下去而做的選擇。事實上，對於已經超過冒險移民年齡的韓國男性，和已經習慣了韓國生活的越南女性來說，這個選擇並不容易。反向移民是國際婚姻家庭在快速變化的經濟環境中，感受到隨之而來的困難和新的可能性，因而把韓國和越南都當作考慮的選項。雖然兩國之間存在著經濟差距，但若待在韓國則難以擺脫僵化的階級體制，而到越南除了維持現在的位置，也有向上提升的可能。一位韓國丈夫已經到了不久就要退休的年齡，但仍然負擔不起年幼的子女在韓國補習班的上課費用。相反的，在越南養育子女，可能讓他們更有機會成為「國際領導者」，費用也更便宜。對於越南女性來說，還沒有成功就回國是丟臉且羞恥的事情，但她們也相信可以在越南家人的幫助下開展新的生意。

只有透過越南家人的合作與理解，反向移民才可能實現，這取決於韓國男性平常是否扮演好「女婿的角色」。因此，考慮反向移民的韓國丈夫會造訪妻子在越南的家，更常與親人培養情感，試圖建立自己的「地位」。[12] 對計劃反向移民的夫婦來說匯錢可以算是種子資金，當匯款透過岳父母家的情報網和社交網絡投入適當的地方，或者通過土地價格的增值保障了家庭的經濟地位時，便更容易進行反向移民。[13]

不是只有韓國的家庭成員會互相了解情形並規劃更美好的未來，越南的家庭也了解移

12 金賢美、金英玉，《從全球化家庭的觀點來看「飛吧」計畫的意義：以韓國—越南國際婚姻為例》，韓國女性財團，二〇一二年，頁二七。

13 金正善，〈從底層開始的跨國歸屬政治學〉，《韓國女性學》，二六（二），二〇一〇年，頁二七～二八。

越南家庭精心準備食物，招待來自韓國的研究者

民韓國的女兒經濟上有困難，且不太有階級上升的可能。二〇〇八年，胡氏瑩與大自己二十歲、生活非常不穩定且一直在失業和打臨工的邊緣徘徊的韓國丈夫結婚。二〇一二年，我在河內遇到胡氏瑩的姊姊，她強烈建議妹妹一家反向移民回越南，也因此他們還沒有賣掉家裡擁有的土地。但是胡氏瑩卻說她在韓國成為正式的導遊前不會回越南。胡氏瑩的姊姊則相信，當越南的經濟有更多發展時，她的妹妹便會改變心意。

韓國男性和越南女性之間的國際婚姻，可以看作是沒有享受到新自由主義經濟體制好處的貧困國民之間的結合。越南女性和韓國男性創造的「家庭」，展現出他們如何通過媒合與交換自身缺少的資源，來解決全球面臨的再生產危機。透過國際婚姻擴展到兩個國家之外的親屬網絡成為一個安全機制，將面臨嚴重經濟危機的人民跨國結合起來。匯錢、家庭邀請和反向移民是「來自底層的跨國性實踐」，通過國際婚姻家庭之間的合作和支援來解決危機。

被推遲的夢想與全球化家庭建立的交界

越南移民女性必須解決國際婚姻所面臨的經濟不穩定和缺乏親密關係等問題，藉此一步步穩定家庭。在這個過程中，她們夾在韓國與本國之間的困境也值得關注。鈴木伸枝研究了菲律賓女性婚姻移民來到日本後的生活，論文裡提到她們的家人並不了解自己困難的處境。某些案例中，移民女性透過經濟活動所匯回的資金，使菲律賓家人的階級突然上升成為新的富裕階層。[14]這些例子創造了一個典型的成功故事——全家因為一個「與外國人結婚的女兒」而富裕。事實上，有些移民女性在移民國經歷了「階級下降」且失敗的移民

14 Nobue Suzuki（鈴木伸枝），"Tripartite Desires: Filipina-Japanese Marriages and Fantasies of Transnational Traversal"，In Nicole Constable(ed.), *Cross-Border Marriages: Gender and Mobility in Transnational Asia*, University of Pennsylvania Press, 2005.

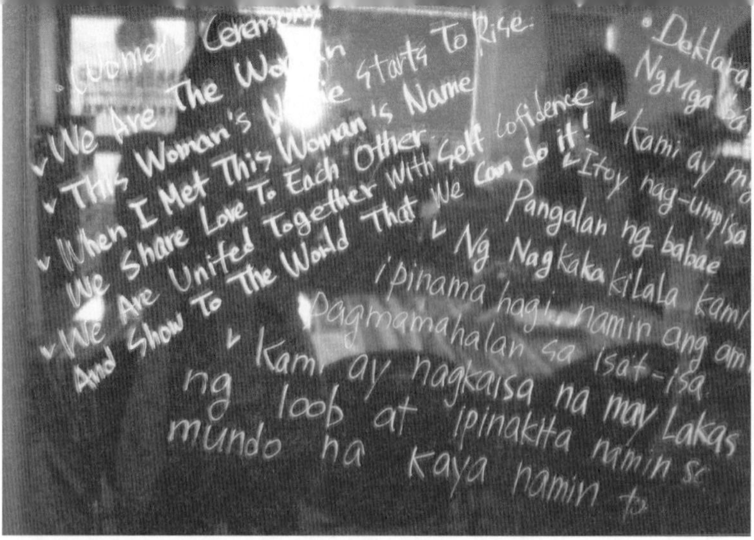

近來，婚姻移民女性轉變成為了移民女性奔波的人權運動人士。圖為大邱移民女性人權中心的教室

生活，但在移民女性的幫助下，本國家人的生活品質卻得到顯著改善，於是他們便維持著一種二分法的觀念，即菲律賓總是「貧窮且匱乏」，而在日本的女兒則過著「穩定、悠閒、富裕的生活」。因此，婚姻移民女性在移民國嚴酷的日常生活中經歷到的性別歧視、種族歧視和階級歧視都沒有被看見。從離開家鄉來到經濟先進國的那一刻起，移民女性為了生存而進行的日常奮鬥，成為了無法與家人分享的現實。移民到日本的菲律賓女性跟移民到韓國的越南女性的情況大致相同。

然而，越南的移民女性並非被動的行為者，她們作為主動行為者選擇了國際婚姻，並透過協商來完成家庭的建立。在韓國建立家庭包括了家務、養育和撫養孩子、成為韓國人心目中的好母親，此外還有社會參與和經濟貢獻。這樣長期定居的過程中，可能會有匯錢或邀請家人等補償，移民女性將在韓國建立的家庭和其本國家庭結合為一個跨國的「全球化家庭」。婚姻移民是用愛和信任等感情，與金錢等物質資源交換的一種新型態跨國互惠關係。越南妻子和韓國丈夫透過這種互惠關係來建立並完成新的家庭，他們的家庭正位在被推遲的夢想和全球化家庭建立的交界上。

◆「非法人士」的誠實人生——無證移工萊伊的故事

盛裝在背袋裡的二十二年韓國生活

「這些是如果我被抓到的話，希望別人幫忙寄回故鄉而蒐集起來的東西。」二〇一二年六月，當我訪問萊伊的工廠時，他把房間角落背包裡成堆的照片和紙張拿給我看。尼泊爾人萊伊於一九九一年來到韓國，在京畿道一間家具塗裝廠工作了十八年。二十二年來，他一直是「非法」勞工。「非法」勞工經常稱自己是「非法人士」，萊伊因此一直活在擔心遭到取締的不安之中。他知道總有一天自己會像其他朋友跟同事一樣，在無法告別的情況下被驅逐出境。面對取締和驅逐，他唯一能做的，就是把珍貴的物品隨時整理好，到時請別人幫忙寄回家。韓國二十二年的生活被收藏在一個小背袋裡，放在房間的角落。這個背袋代表萊伊已經做好隨時離開的準備。

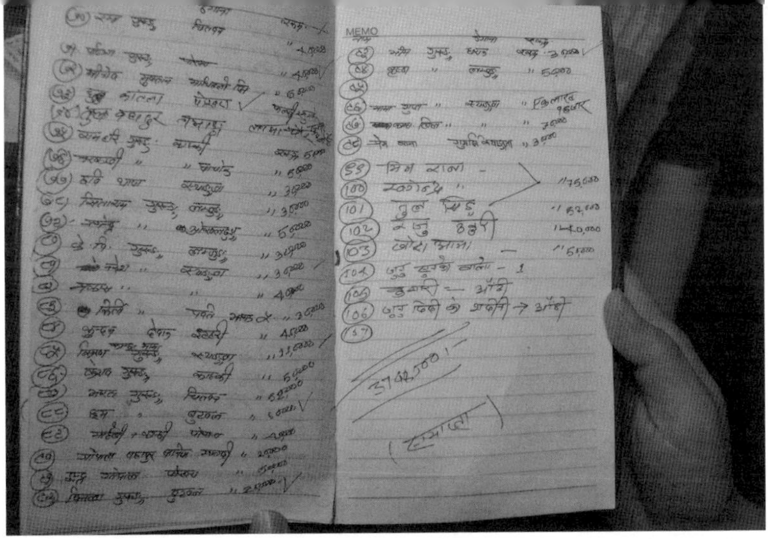

萊伊在他的筆記本上詳細記錄著來參加婚禮和孩子生日宴的人所給的禮金，以便以後能夠還他們這份人情

他的物品裡，最重要的是女兒五個月大和兒子六個月大時所拍的照片。尼泊爾人認為孩子第一次吃東西時比滿百日跟滿週歲更重要。萊伊的兩個孩子都在韓國出生，在女兒五歲、兒子一歲時，母親帶著他們一起回去尼泊爾。這是萊伊為孩子們拍攝的唯一的照片，因為裡面包含了在韓國共同生活的記憶而顯得更為珍貴。此外萊伊還小心翼翼地收藏著哥哥寄來的信，哥哥將他辛苦賺的錢所支付的全部花費仔細記錄下來後寄給他。信裡記載了蓋房子時所花費的水泥和電費等費用、借錢給誰以及收到多少錢等資訊，這些信件說明了萊伊辛苦的工廠生活如何在尼泊爾發揮影響。二十二年前離開尼泊爾的萊伊，透過哥哥的來信證實了自己的存在感。他的背袋裡還有一九九六年在韓國結婚時收到的禮金紀錄，以及兒女生日時從朋友和同事那裡收到的

禮金紀錄。萊伊認為自己所收取的，將來一定要還，所以不管住在哪裡或做什麼事，都不會丟掉這本筆記，雖然他過著難以預測的「非法」移工生活，卻認為不管在任何情況下，都必須遵守社會禮儀並維持自己的聲譽。

像萊伊這樣的無證移工，如果被抓到並轉移到外國人收容所，就再也回不來了。某一天他會突然人間蒸發，在不能跟朋友告別的情況下，三天到一週內便被驅逐出境。像萊伊一樣，在無證移工聚集的家具工廠園區，有很多被遺留下來的狗、衣服、生活用品、口罩、手套在等著主人回來。我在研究移民問題的過程中，也得適應這種突如其來的失蹤。當然，移住勞工突然換電話號碼或聯絡不上的情形也時常發生，然而，昨天才見面或約好在週末吃飯的人，被出入境管理局的取締小組抓到而突然消失得無影無蹤，這是只有在無證移工身上才會發生的事。對當事人和被留下來的人來說，這樣的現實令人感到相當憤怒和無助。「不人道」的取締與驅逐制度，只是韓國無證移工所承擔成本的冰山一角而已。雖然韓國社會的經濟繁榮和奢侈的消費主義在很大程度上依賴這些低收入移住勞工，但他們在韓國的滯留卻被認為是一種不當且非法的行為。大約有十七萬名嫻熟工作的「非法」移住勞工沒有其他選擇和機會，只能期盼不要被取締小組抓到。[15]

萊伊是我在二〇一二年三月透過介紹認識的移工，當時我正在韓國家具工廠進行一項

萊伊住在工廠一個狹小的房間裡（攝影：成幼淑）

關於移住勞工的研究。我跟他一同參加了週日在東大門舉行的尼泊爾人聚會，並參觀了他工作的工廠，一共進行過四次的訪談。我幾乎忘記自己作為研究者的

15 根據韓國司法部的統計，截至二〇一一年，共有十六萬七七八〇名無證移民，其中十五萬三九〇六名是亞洲移工（金延秀，《外國人與移民勞動市場政策：現況與課題》，韓國開發研究院，二〇一二年，頁一一）。

房間的角落放了許多物品，萊伊已經拜託老闆在自己被驅逐出境時幫忙寄回故鄉（攝影：成幼淑）

身分，而用真誠的心對待他。我對萊伊的生活感興趣的原因是，他身為一名無證移工，即使在有限的生活條件下，也不斷努力穩定自己的日常生活。除了跟其他「非法」工人一樣在韓國長期滯留，其他任何違法的行為都與他無關。

萊伊透過誠實與嚴謹的方式來管理自己的生活。他建立了平凡的規律和秩序來克服難以預料的日子，每天透過網路給遠方的妻兒傳遞「遠距離愛情」、早上去登山、喝外送的新鮮蔬菜汁，為了排除體內在工廠所累積的有害物質，每天會做一到兩個小時的有氧運動。此外他每隔一週會去老人安養院做志工，會好好保存工廠薪資的信封、對花太多錢飲酒和購物的後輩嘮叨。追求完美主義的他，在訪談的時候還會讀聽寫稿並指出裡面的錯誤。萊伊通過反覆和規律的自我管理來實踐「非法人士」的「誠實人生」。他清楚了解在惡劣的條件下非法工作的外國人所受到的限制，並在其中制定和實踐自己的生活法則。

夢想成為歌手的青年成為「非法人士」

直到一九九〇年代初期，來到韓國的大多數移住勞工都未得到政府認可，而是以旅遊或投資簽證進入韓國後再找工作的「非法」滯留者。當時的移住勞工都在未持有工作簽證的狀況下工作，所以每個人的處境都相同。[16]萊伊是在實施產業實習生制度之前來到韓國

16 李蘭珠，《爸爸拜託不要被抓到：未完的故事，移工的生活紀錄》，看見生活之窗出版社，二〇〇九年，頁四三。

的第一代移住勞工。由於尼泊爾幾乎沒有工業設施，尼泊爾人只能以農業養家餬口，許多人為了籌措教育和生活費用而到海外工作，萊伊家的男性都有到海外移住工作的經驗。他的父親和兩個哥哥曾做過英國傭兵，並在香港、汶萊和新加坡等地當過軍人。萊伊還說，如果他再長高一點，應該就會跟他的兄弟一樣成為英國傭兵。他從家鄉的高中畢業後，曾做過登山助手一段時間，但沒有賺到什麼錢。本來想當拳擊手，卻因為父母親的反對而作罷，而當一名唱歌謠（cock song）的尼泊爾傳統歌手的夢想，也因為看不到未來發展而放棄。一九八八年，他第一次到沙烏地阿拉伯當移住勞工，並在溫室裡工作了兩年。工作雖然不困難，但萊伊是在喜馬拉雅山的安納普爾納（Annapurna）寒冷地區長大的，忍受不了炎熱的天氣。再次返回尼泊爾後，一九九一年十二月，他付給仲介費用，製作了護照和簽證。在韓國還鮮為人知的時候，他就從在韓國和尼泊爾之間進行貿易的商人那裡聽說韓國是一個經濟發達的國家。仲介也懂得「掌握先機」，了解韓國工廠需要外國人力的急迫性。萊伊當時在尼泊爾支付了六萬五千盧比（約為一百五十萬韓元），跟其他人一起經由香港、泰國和台灣，最後抵達金浦機場。其中有兩位不幸地在機場就被立即遣送回國，另外九人則宣稱要來觀光十五天，並在仲介提供了「滯留資金」後安全通過海關。

仲介答應幫他在京畿道附近的工廠找工作，但卻消失得無影無蹤，萊伊一個人無依無靠，不得不依賴自己的好運和韓國人的善意過活。在語言不通的地方唯一可以信賴的仲介突然消失，不要說工作，連生存都成了問題。他一開始待在旅館裡面餓肚子好幾天，幸運的是，旅館的阿姨是韓戰期間從北方逃過來的難民，於心不忍之下煮了點東西給他吃。之後，他偶然在路上遇見一位尼泊爾女性，在她的幫助下來到了安山，在安山做焊接工作幾個月後，某天在一家超市的公用電話前，一名韓國男子走過來問道：「你是從哪個國家來的？」萊伊回說從尼泊爾來的，男子又問道：「要不要來我這裡工作？」萊伊就這樣得到在「養豬場」的第二份工作。

養豬場的老闆曾經到沙烏地阿拉伯和利比亞當過移工，很有看人的眼光，他一眼就看出萊伊是來韓國找工作的外國人。對萊伊來說，養豬場的工作儘管辛苦，卻讓心情感到放鬆。尼泊爾幾乎沒有工廠，他也從來沒有在工廠工作的經驗，因此養豬場的工作雖然「骯髒卻讓人放鬆」。萊伊和其他無證移工一樣，被編入勞動和休息不分的二十四小時勞動制度裡，忙碌的時候要從上午八點工作到隔天早上六點，一天工作二十二個小時，工作內容包含準備豬飼料、清除污水、分隔母豬和仔豬，一天雖然只睡兩小時，但還是靠著年輕氣盛以及移工的毅力撐了過來。一開始月薪是四十五萬韓元，一年後調到九十萬韓元，萊伊在養豬場工作三年存的錢，讓他能夠在故鄉博卡拉買一棟房子。

萊伊在焊接時的模樣（攝影：成幼淑）

之後他搬到家具工廠園區，在同一間家具塗裝廠工作了十八年。工廠裡最多的時候曾經有十一名員工，現在卻只剩下萊伊一個人。工作通常從早餐後開始，到了晚上七、八點就能完成，但必須等候送貨卡車到達而隨時待命，要塗漆的物品有時在晚上九點之後，甚至在凌晨三、四點才送達。萊伊是工廠裡唯一的員工，身兼勞工、廠長、守衛、送貨員和經理。工資一開始是九十萬韓元，後來慢慢增加到一一〇萬韓元，現在則是兩百萬韓元。

他的身上留下了當無證移工二十二年來的痕跡。用來剝離油漆的酸侵蝕到體內，使得膝蓋發生病變，塗漆時過度使用右肩肌肉，使得右臂肌肉出現下垂的症狀。曾經打過拳擊鍛鍊出健壯體格，並夢想成為傳統歌謠歌手、懂得流行時尚的萊伊，現在的模樣跟過去有很大的不同。

遠距離戀愛與國際家庭

外國移住勞工通常在身體和精神最健康的年齡來到韓國，因為他們正處在戀愛與婚姻的人生階段，因而會經歷到各種與浪漫、友誼、性向和親密性有關的想像和經驗。然而由於移住國國內的性別不平衡、同族內婚（endogamy）的義務以及先住民的封閉性等因素，導致外國移工往往會推遲約會、婚姻和生育，又或者採取保留的態度。在冒險和危險並存的移住國談戀愛的確很浪漫，但他們同時又被要求盡到許多義務。對於沒有滯留資格、經濟方面也相當不穩定的移住勞工來說，要維持穩定的戀愛關係十分困難。然而，內心處於不穩定狀態的移住勞工，對感情的渴望使他們很容易掉進愛情的世界。移住勞工往往傾向與相同國家、地區和宗教的人交往，雖然國際婚姻的數量迅速增加，但在厭惡外來移工的韓國社會裡，瀰漫著許多跟其他種族談戀愛與結婚的負面謠言，也因此外國移工通常是在工作場所、宗教聚會或透過介紹，來認識相同文化和語言的人，並自然而然地產生高度的親密感。

外國移工在選擇配偶時也非常謹慎，本以為擺脫了故鄉的家人施加的壓力，可以過著自由的生活，但其實並不然。移住勞工反而藉由表現出「原鄉性、對家鄉與傳統的依戀和凝聚力」，來遵守他們的集體責任和規範，[17]他們把在家鄉被認可的「榮譽」和「聲望」帶到移住國，並努力實現。談戀愛和同居相對自由，但婚姻則是涉及榮譽和聲望的大事。移住勞工一般經由本國家庭網絡的仲介找到結婚對象，來自孟加拉和巴基斯坦的穆斯林男性移工，通常會與父母決定的對象進行「電話婚姻」。

事實上，萊伊會辭去養豬場的工作、改到工廠幹活，也是因為戀愛的關係。一九九五年時尼泊爾籍的妻子成為產業實習生來到大邱，萊伊在週間與妻子進行電話約會，只有星期天工廠休息的日子才能見到對方，像萊伊一樣每天工作二十二小時的工人是沒有假日可言的，因為豬隻不是工廠的產品，必須一直有人照顧牠們。由於沒有休假就沒有辦法約會，所以萊伊決定換到能在星期天休息的工廠工作。萊伊結束在養豬場的工作並選擇到工廠，單純是為了「結婚」這個目的，兩人靠著手機在議政府和大邱兩地之間聯絡，維持遠距離戀愛，終於在一九九六年步入婚姻，在朋友的工廠裡舉行了婚禮。這只是「互相約定好的婚姻」，而非正式結婚。尼泊爾有許多不同的民族，每個民族關於婚姻都有不同的思想和習俗。萊伊所屬的古隆族（Gurungs），只有在尼泊爾舉辦婚禮才會被認同，而除非舉行過正式婚禮，否則妻子不能進入萊伊父母居住的家中，萊伊與妻子已經結婚十七年，但她和孩子仍然只能跟萊伊的父母約在城市裡見面。由於萊伊長期沒有回國，因此他們一直沒辦法在尼泊爾舉行婚禮。

與家人分居的移住勞工經常在不同的時間和地點跟「家人」聯絡，他們通過電話或網路彼此交換資訊，卻缺少了「共享的經驗」。由於沒有其他選擇，只能在「網路」的世界中維持家庭關係，定期和規律的聯絡，便是聯繫彼此唯一的方法。萊伊非常努力維持跟家人的感情，每天都透過電腦視訊與家人見面，但這並不是一件容易的事。尼泊爾經常停

17 烏利西・貝克、伊利莎白・貝克-葛恩胥函（Elisabeth Beck-Gernsheim）著，李在源、洪燦淑等譯，《遠距戀愛》（*Distant Love*），新浪潮出版社，二〇一二年，頁一五七。

電，電力供給相當不穩定，在情況好的日子，萊伊可以跟家人進行高畫質視訊，但有時則得嘗試連線好幾次，最後只能以簡單的問安結束通話。不僅通話時間很難約定，在尼泊爾的父母因為想節省電費，談話的機會也不多。

萊伊的女兒還記得她和父親在韓國度過的記憶，並且會擔心和想念父親。萊伊知道女兒喜歡吃海苔，所以會定期寄給她，女兒是透過「海苔」來記憶父親和韓國。萊伊把兒子當作自己的驕傲，但兒子似乎因為沒有得到足夠的父愛，所以並不怎麼想念父親，總是要求電視遊戲機當禮物。萊伊對於兒子只能透過韓國的物品來感受父愛很不開心，但兒子無法想像父親在現實中的模樣，他也只能期望兒子長大後能夠更懂事一點。萊伊說，下次無論如何一定要讓孩子來韓國玩一趟。

當我的母國生活變好的時候，孩子就不用再出國當移住勞工了，下次孩子們來到韓國，我想帶他們到處觀光，他們都知道首爾哪裡好玩。我想讓孩子們看看爸爸過去待過的地方，告訴他們我以前在哪裡工作、過著怎樣的生活。我想帶孩子去看養豬場，還有那時候的老闆跟韓國同事，我還想要再見他們一面。

如果萊伊的期待成真、家人來到韓國玩的話，他想補償自己十七年來的缺席，給兒女看「他以前工作的每一個地方」，但到時可能得跟想去購物中心跟遊樂園玩的兒女協商一番。我很好奇，父親在養豬場和塗裝廠工作的移住歷史，跟孩子的消費主義欲望衝突時會產生什麼樣的火花。

「非法」的代價

「非法」移住勞工因為不合法，因此必須付出代價。他們得承擔的代價包括危險勞動、低工資和積欠工資、辱罵和侮辱、與家人分離以及暴力式的取締，他們因為違反了滯留相關法律，在社會上變得相當弱勢。

我在週日拜訪萊伊的工廠時，他來回不斷走動，並向我展示他是如何完成分裝、塗漆和焊接等，以前還有同事一起分擔這些工作，但現在萊伊得一個人獨自完成。如果他是韓國人，現在早已是一名高級工程師或長期雇員，月薪也會相當可觀。儘管萊伊是確保工廠運作的唯一一位技術人員，但他的月薪卻長期停留在兩百萬韓元，慶幸的是，老闆每個月都會準時發薪水。所有移住勞工——包括無證移工，經常會經歷到「韓國式的工資剝奪」，意思是只有前幾個月會正常支付薪水，然後雇主會像是施捨般偶爾支付一點，最後拖拖拉拉地積欠薪水。[18]韓國雇主經常積欠好幾個月的薪資，這些積欠的工資就像是保證金——一開始工作的時候，他們會先積欠一週到十五日的薪資，等到勞工離職時才會支付，正如房東在租房時會先收押金一樣，老闆要求移住勞工對其勞動力做出「保證」而扣留薪水。在家具工廠園區裡，「積欠薪資」是防止移住勞工頻繁更換工作的一種罰款。

移住勞工最怕碰到積欠薪資，萊伊拒絕了其他工廠用更高的薪酬挖角，並堅持現在的工作，就是因為工資總會準時進帳。移住勞工也會擬定應對積欠工資的策略，例如建立一個「日曆備忘錄」，仔細記錄工作的日期、時間和休假，來證明自己的勞動情形。[19]在萊伊工作的家具工廠園區，移住勞工之間透過分享「積欠薪水工廠的信息」，來避免在這些工廠就業。有關工廠老闆的資訊迅速且正確地互相流通，就業後若薪資推遲了一、兩個月以上，他們常常便得放棄等待，盡快離職轉移到另一家工廠。他們的智慧源於長期的經驗——「薪水一旦延遲過一次就很難再拿到」。特別是結婚後，工資固定入帳變得非常重要，這也改變了他們選擇工作時的偏好，跟薪水較高的工作相比，寧可選擇薪水較少但是會在固定日期穩定發薪的工作。這是為了要支付每個月固定的房租、水電費、油錢和餐費，而奶粉、尿布、醫療費用和教育費用的支出往往也急劇增加，如果薪資逾期發放，就得延後

在家具工廠裡總有許多灰塵和粉塵，並充滿了強力膠和化學藥劑的氣味（攝影：成幼淑）

匯錢回家的時間，生活壓力因此增加，生活節奏會被打亂，不穩定性也會增高。[20]一些無證移工更偏好每日發放薪資的工作，而不選擇月薪制。對於那些無法預測或計劃明天的人來說，並不期待生活的連續性。相反的，為了因應這樣的不連續性，以一天為單位確保自己勞動的報酬反而更好，日薪制因為可以每天收取現金而受到歡迎。但隨著在工作上

18 李世基，《移住，那遙遠的路》，humanitas 出版社，二〇一二年，頁一五八。

19 移民團體 Happy shalom、高英蘭、李英著，成幼淑攝影，《我們過得很好：磨石家具工業園區移工村落的詳實觀察記》，bookkl 出版社，二〇一三年，頁九九。

20 金賢美、柳幼善，〈無證移民的社會關係與地區再生產：以京畿道A產業園區為中心〉，《比較文化研究》一九，二〇一三年，頁七三。

負責的角色越來越重要，他們想要離職也變得更加困難。

無證移工付出的另一個代價，是長期未改善的工作環境，他們在分散且階級化的勞動結構中，負擔了條件最惡劣的勞動，大多數人得上夜班或徹夜工作。[21]由於不知道何時會被驅逐出境，所以無證移工大多希望不要引人注目，並能長時間工作。大夜班工作可以超時、領取加班津貼，還能避免遭到出入境管理局的取締。對雇主來說，優點是可以藉由二十四小時生產線的運作來增加產量。然而，夜間工作不僅違反了生理時鐘，還會讓勞工面臨更多的風險。他們操作沒有安全防護裝置的機器，因而經常發生截斷手臂或手指的事故，又由於重複和沉重的工作性質，身體飽受慢性疼痛折磨。大多數無證移工即使不做大夜班，也是長時間在惡劣的環境中工作，萊伊曾多次向老闆提出每週六休假一天的建議，卻都沒有被接受，他說現今工廠的情況跟二十年前「一模一樣」：

整著世界在改變，但這裡的工廠卻一點也沒變，有時我會找老闆討論。像我這類把工廠當宿舍的人都是這樣，即使工作結束，在下班時間還是得工作，通常等機器冷卻完準備睡覺時已經凌晨一點鐘。昨天（星期六）超過晚上九點半才卸完貨。送貨員星期六休假，所以總是在星期六半夜才把貨物送過來，因為貨物隨時會進來，常常必須工作到深夜。有時凌晨送貨來的人把我叫醒，貨物放了就走，這樣工作時間根本沒有辦法固定。

我擔心萊伊手臂肌肉下垂的問題，而常常詢問他的健康狀況。由於在塗裝和注塑工廠工作，會長期暴露在有毒物質下，不知道萊伊的身體是否承受得住。我進到工廠時，連十分鐘都難以忍受，常對工廠環境感到驚訝，在狹窄的空間裡，大量的灰塵噴湧而出，連人臉都看不清，粘合劑和稀釋劑的氣味令人感到頭痛且噁心難耐。移住勞工通常連口罩也不戴，工作時像是被白色塵埃覆蓋的雪人一樣。只有我一個人無法承受這樣的環境，想要找沒有灰塵的地方，最後只好逃到工廠外面。移工們總說習慣之後就沒關係了，沒有多少韓國雇主對改善有害的環境感興趣，大多數老闆只在早上到工廠一、兩個小時，甚至有些連

21 李世基，《移住，那遙遠的路》，humanitas 出版社，二〇一二年，頁一五三。

無證移工是韓國少數能夠在最惡劣的環境工作的勞工（攝影：成幼淑）

工廠都不進去。因為沒有辦法集體提出改善工作環境的要求，因此工廠的環境長久沒有改善，無證移工是韓國少數能在這樣惡劣的環境下工作的勞工，如果他們離開了，這些工廠肯定就得關門大吉。

身為無證移工，萊伊必須支付的代價還有永遠無法與韓國人平起平坐。他透過「打招呼禮節」學習到韓國文化，在安山的第一份工作每天早上都要從打招呼開始。當萊伊問好時，有些韓國同事會說：「謝謝你！」有些人則會抱怨：「你沒有正確地打招呼。」因為萊伊不太會說韓語，遇到挑起是非的韓國同事時，心裡總是很生氣，但好險他是個在任何艱難的環境中都懂得用幽默反擊的人，後來只要遇到韓國同事，他都會隨時打招呼。喝水的時候見到面說：「你好！」吃飯時見到說：「你好！」在洗手間遇到時也說：「你好！」抱怨萊伊的韓國同事阻止他：「喂，你的頭腦是不是不太好，招呼早上打一次、晚上打一次就夠了。」萊伊則回道：「在尼泊爾，一天不只早上和晚上打招呼。如果你決定要打招呼，就應該要整天打招呼。」韓國同事從此再也沒有為了打招呼的事找他麻煩。

萊伊最討厭韓國人無時無刻都在罵髒話的習慣，有些人還會毫無理由地懷疑和責罵外國人，誠實的萊伊有一次甚至因此被抓到警察局。那是一個星期六的晚上，他去首爾跟朋友見面時，因為感冒需要吃藥而到超市買飲料服藥，那時一個酒醉的韓國男人指著他說：「哎唷，這個傢伙在嗑藥！」雖然他不停解釋那是感冒藥，但卻沒有用，結果雙方發生了衝突被帶到警察局，「被打了幾下，又被臭罵一頓」之後就被放了出來。萊伊從此了解到他不應該做出任何「顯眼的舉動」。「我聽過很多人罵髒話，多到我可以區分韓國人的髒話了，有比較優雅的髒話，也有讓人心情變差的髒話。」萊伊在同事說出讓他心情變差的髒話時，會採用「加倍奉還」的手法。一位韓國同事每次講話時在句尾都會加上髒話*，萊伊聽了難以忍受地說：「大叔，如果我是十八的話，你就是二十八、三十八、四十八，

＊譯註：韓語的國罵，發音近似十八。

一直到八十八！」話一說完，他的同事都傻眼地看著他。萊伊每次都跟其他移住勞工說，對待習慣性罵髒話的韓國人，最好的方法就是提醒他，他自己聽到髒話時心情也會變差。另一方面，萊伊則認為韓國最好的美德與「吃飯」有關，他喜歡韓國人在吃飯時總說：「多吃一點！」

像萊伊這樣的「非法」移工必須支付的代價，還有對人性的失望和他人的背叛。無論關係多好的韓國老闆或房東，也都會視情況變成「完全不同的人」。十七年來一起工作的老闆，雖然稱他為「家人」，卻從未邀請他到家裡。他曾在東大門的一間房子住了七年，跟房東像「家人」一樣，但最後卻沒能拿回租屋的押金。韓國人總說韓國的人情味很濃，但卻老想從移住勞工身上獲得最大的利益。萊伊認為韓國人的感情就像一次性產品，隨便用一下就丟棄了。

萊伊在韓國居住了二十二年，為他的非法付出了不少代價。政府在移工身上烙上非法的印記，降低他們在社會上的存在感，並將他們當作罪犯。然而實際上，無證移工很清楚自己的情況和限制，因此他們通過仔細規劃和履行日常工作來應付難以預測的生活。無證移工集中的居住地，比其他移民社區還常有各種活動、儀式和慶祝節日。移住勞工不僅依國籍，還依照種族、地區、宗教和語言而細分為不同的團體。在家具工廠園區，一年間有各式各樣的團體活動：菲律賓社群的籃球比賽、獨立紀念派對；孟加拉社群的開齋節；尼泊爾社群的中秋宴會與滿月宴席、生日派對以及婚禮儀式，這些活動在文化生活方面，為貧窮的無證移工帶來了不少活力。這些儀式具有穩定情緒的功效，對於活在不知何時會被抓的不安之中的人來說特別重要。移住勞工社區很可能隨時因為取締和驅逐而瓦解，他們藉由一同準備引以為傲的文化慶祝活動，共享在韓國剩下的日子。例如孟加拉人會花很長的時間為開齋節[22]做準備，他們會抽空做節日時吃的桶子狀饊子，並排練表演活動，建立彼此在文化上的連結。

宗教是另一種幫助移住勞工忍耐各種誘惑和不人道待遇的方法。一個虔誠的穆斯林會去祈禱室祈禱，在監工的監視下仍舊向麥加祈禱五次。在家具工廠園區裡有些來自孟加拉的未婚移工為了不要陷入「性方面的誘惑和享樂」，工廠的工作結束後就會換上傳統服飾，他們展現了保守穆斯林男子的權威，卻會評論同樣從孟加拉來的女性的穿著和隱私。

來自尼泊爾的萊伊在一年之中最期待的就是中秋，中秋節時，分散在全國各地的尼泊

22 紀念先知亞伯拉罕將他的兒子以撒作為祭物獻給神的節日。

移工社區的儀式和活動是不穩定生活的穩定機制。圖為菲律賓社群的籃球比賽

孟加拉移工正在享用開齋節的食物（攝影：成幼淑）

爾移工會聚集到首爾來，尼泊爾移民主要隸屬於尼泊爾諮詢中心，根據出身地區和聚落劃分為八十多個不同的社群，萊伊便是卡茲其家族（Katsuki Family）的成員之一。在慶祝中秋節時，東大門的尼泊爾街上會擠滿從韓國各地來的尼泊爾移工。卡茲其家族成員會募款，並在中秋期間從尼泊爾請來歌手，每人捐款五十萬到一百萬韓元不等，當作邀請歌手的費用，並將剩餘的錢捐作尼泊爾學生的獎學金。他們是懷抱著「多幫助一個人找尋到未來的方向也好」的念頭而捐款。

「成功」的移住勞工與「失敗」的移住勞工

「非法」移工很難有機會「成功」，他們不斷尋求身為人的尊嚴，但當經歷了惡劣的工作環境以及物質與感情方面的疏離後，就容易陷入缺乏感情與信心、對凡事都不關心的狀態。特別是無證移工在受傷或生病時被排除在社會結構之外，他們經歷的社會痛苦會導致人格上的破壞。由於疾病或受傷造成的經濟困難而無法匯錢回家，意味著沒有辦法對家庭的再生產負責任，不能再期望本國家人的愛和尊重。這群人因為非法的地位，而同時經歷了移民國和本國的貧困，並成為「結構性暴力」之下的犧牲者。[23]移住勞工的成功不光只是賺到錢，而是取決於工作能力、身體和精神的健康、與支援機構的關係、擁有可以躲避取締和驅逐的住所，並透過與本國朋友間的親密關係來保持心理安定等，為此他們必須在移民國的生活中盡最大的努力。此外，個人的資金管理能力、賺到的錢是存起來還是買房的投資方式、同居或結婚的時間和作法、兒女的生育和教育問題等，這些跟未來有關的應對能力，也是成功的必要因素。

萊伊為了要成為成功的移住勞工，二十二年來制定了自己的規矩，並努力遵守。他沒有錯過適婚年齡，努力存錢並定期匯錢回去，把孩子送到好的學校；儘管住在充滿有毒氣體的工廠裡，但會自己做牛奶粥之類的食物吃，也不過度飲酒。工作結束後，他會離開工廠到附近的援助中心運動、鍛鍊身體，辛勤勞動後雖然感到疲累，但他仍為了將來能健康地回國而努力運動。家具工廠園區中有許多所謂「失敗」的移住勞工，指的是那些因為孤獨而依賴酒精，最後由於酗酒而無法再工作，或因為職業災害而長期住院接受治療，甚至成為屍體被送回故鄉的人。

尼泊爾社群的人們認為萊伊是一名「成功」人士，因為他在韓國工作，還能在故鄉買房並讓孩子受教育。但萊伊卻說他失去的東西實在太多了。

> 在韓國滯留的期間，有兩位韓國總統過世，許多朋友因為生病或是被驅逐出境而離開韓國。我則失去了健康和面子，在尼泊爾的父母親病了，我沒能回去看他們，當叔父去世時，我也無法去參加葬禮，無法跟尼泊爾的兄弟們打招呼或盡到兄弟的情誼，當尼泊爾發生自然災害、有親戚去世時，我一點也無能為力。

萊伊為了他的妻子和孩子建了一間新房子，並讓孩子受教育，但卻沒有為他的父母和親戚做到任何事。身為移住勞工，在物質上的成功並不能守護名譽，然而，由於移民的目的是在經濟上富裕，因此移住勞工對家鄉貢獻的物質成果常會被拿來評價。為了在故鄉購買土地、建造房屋，並添購家具和電子設備，需要不斷地工作和長期的儲蓄；為了孩子未

---

23 Nicholas Walter, Philippe Bourgois, H. Margarita Loinaz, “Masculinity and undocumented labor migration: injured Latino day laborers in San Francisco”, *Social Science & Medicine* 59(6), 2004, pp.1159-1168.

來的教育費並奠定回國後做生意的基礎，需要更多的儲蓄和匯款；為了實現這種所謂「成功」移民的理想，許多移住勞工不斷推遲他們回國的時間。然而，這樣的延遲使他們得忍受長期的孤立和孤獨，有些人因為忍受不住，最終成為「失敗」的移工。

無證移工希望盡可能長時間留在韓國，除非本國的高失業率和低工資條件得到改善。「無證移工的生活是焦慮和危險的，雖然如此，但至少這裡還有工作」。[24]此外返國的時間也不是移工自己可以選擇的。萊伊曾多次決定要回國，在養豬場工作期間在博卡拉買了房子後他一度想要回去，但為了賺取裝潢房子的費用而決定再工作兩年，後來打算回家時，卻換成父母兄弟阻止他。由於尼泊爾政府和叛亂分子在二〇〇四年發生內戰，除了首都加德滿都外，整個地區都變成法外之地，還下達了罷工的命令。罷工用尼泊爾語來說叫「bandh」，意思是「有輪子的一切都要停下來」。[25]不遵守「bandh」而開店便會遭受威脅，如果知道他從國外工作回來，就會被叛軍要脅交出錢來，本來叫他「快點回來」的父母吩咐他過一、兩年之後再回來，不然回來的話所有的錢都會被搶走。

妻子和孩子在二〇〇五年回故鄉後，萊伊便積極準備回國。但每次總會有事情絆住他。「如果你回去了，我的工廠就要關門大吉了。」「我還有很多債務，你走的話我要怎麼生活？」工廠老闆多年來一直要求他「再多留一年」。

萊伊無法婉拒老闆的要求，只好一直告訴尼泊爾的家人會「再多留一年」。萊伊告訴我他在二〇一二年底要回故鄉，現在卻依然留在韓國。老闆用回國時會支付退休津貼和機票為藉口，一直抓著萊伊不放，萊伊則怕如果拒絕老闆的要求會拿不到巨額的離職金，因而不斷推遲回國的日子。

許多移住勞工無法決定何時返回故鄉，享受他們用汗水和努力換來的成果。跟賺錢的速度相比，本國的土地價格、房屋價格和教育成本上升的速度更快，也因此回國的時間只能不斷延後。

24 李世基，《移住，那遙遠的路》，humanitas 出版社，二〇一二年，頁一一六。

25 李蘭珠，《爸爸拜託不要被抓到：未完的故事，移工的生活紀錄》，看見生活之窗出版社，二〇〇九年，頁二〇六～二〇八。

無證移工的聚集場所

「非法」移工是因為國家權力通過簽證限制管理移住勞工而產生，然而，在國家權力的規定外，無證移工實際上跟我們一樣，在同一個地區生活、工作和消費，是參與當地生產和再生產過程的居民。他們不是以「無證移工」的身分，而是用日常居民、勞動者、租戶、消費者、信徒和社區成員這樣的身分表達自己。[26]「你在哪一個行業老老實實地工作了多久？住在哪裡又跟誰住在一起？人格方面的評價如何？和母國的關係如何？宗教生活是否虔誠？對社群有多少貢獻？跟支援機構的關係如何？」我們應該透過這類日常生活的話題，來理解移住勞工的身分認同。

在美國或歐洲的移民大國，關於無證移工的社會言論通常會偏重某一邊——阻止移民或使移住勞工合法化。一邊是強調加強邊境管制和懲罰非法移民，另一邊則是希望讓無證移工的地位合法化，並改善移民制度。這兩種觀點一直以來都針鋒相對，各自的邏輯也都合情合理，然而，「廢除邊境障礙」的框架，阻礙人們思考無證移工的根本問題，也就是為什麼全球的無證移工越來越多？[27]無證移工是最「有效」的勞動力，因為他們可以隨時被驅逐出境，在惡劣的環境工作、領取低廉工資的同時，雇主還不必為福利或社會融合支付費用。[28]在新自由主義時代，各國之間的競爭逐漸加劇，各政府為了得到全球勞動力的靈活性而袖手旁觀，容忍他們的存在。如果沒有無證移工，就不會有小資本家或榨取小資本而獲取利潤的大資本家；消費者能方便購買且隨意丟棄的這些產品，是依賴他們的廉價工資製成的；我們生活中的所有領域，都建立在無證移工的辛勞和不人道待遇上。因此，我們不該像個法官一樣，決定是否驅逐無證移工或赦免他們，更重要的是去問問他們為什麼要留在我們身邊。

當萊伊被問到新年的夢想是什麼的時候，他回答：「我已經很少有夢想了，因為夢想幾乎都無法實現。」相反的，他講了一段話，透露出希望韓國社會能夠承認他這二十二年來的付出：

---

26 轉引自Engin F. Isin, *Being Political: Genealogies of Citizenship*, University of Minnesota Press, 2002; Anne McNevin, “Irregular migrants, neoliberal geographies and spatial frontiers of ‘the political’”, *Review of International Studies* 33(4), 2007, pp.655-674.

27 森森（Rinku Sen）、馬姆杜（Fekkak Mamdouh）著，裴美英等譯，《國境 rock & roll》（*Accidental American*），ewho book 出版社，二〇一二年，頁一一～一四。

28 金賢美，〈跨越國界的勞工與移民通行稅〉，《親密的敵人》，ewho book 出版社，二〇一〇年，頁八八。

我製作的產品，盒子上面寫著「韓國製造」，保證品質沒有任何問題。我對老闆說：「這些都是我製作的，請在上面標註：『非法的尼泊爾工程師在韓國製造』。」

◆我的家在哪裡——朝鮮族同胞的故鄉與他鄉生活

我們很近卻不被看見

我作為一名朝鮮族出生在這個世上，
在不法滯留、強制驅逐和受難的歲月裡，
你問我還想做什麼？
還期待著什麼？
想活得像同胞一樣，
被認可為真正的同胞，
啊！夢中所期盼的自由往來，
修改同胞法，讓我們平等地活著吧！

在韓朝鮮族聯合會的文化活動中心牆上，掛著主張「自由往來和修改同胞法」的口號，這個口號也寫進了〈朝鮮族之歌〉的歌詞中。〈朝鮮族之歌〉的歌詞是改寫自〈老兵之歌〉，朝鮮族同胞每次抗議時都會唱這首歌。聯合會的秘書表示：「在中國，我從小就學會了平等思想，但來到了資本主義的韓國社會，金錢和教育卻造成了很大的差距。」朝鮮族[29]從一九八〇年代中後期來到韓國成為移住勞工，在這裡受到了非人的待遇。

三十多年來，他們一直擔負著韓國生產和再生產領域的低工資勞動力。他們跟韓國人的生活息息相關，從飲食、房屋、道路到提供便利服務的所有領域，沒有一處是朝鮮族未涉入的。朝鮮族移工在近處照料韓國人的喜怒哀樂，是奠定韓國社會再生產領域基礎的一群人。其中中年女性被稱為「阿姨」，負責照顧韓國家庭的孩子、在餐廳提供服務、在醫院和養老院照顧病人、在桑拿浴幫忙擦背與打掃；朝鮮族男性則從公寓大樓、奧林匹克體育場、世界杯足球場、四大江建設、冷凍倉庫到傍花大橋的建設，在所有營建工程中擔負著最危險和最艱苦的部分。朝鮮族建築工人往往遭逢各樣職業變故，就算發生意外死亡也得不到社會哀悼，大約百分之七十六的職業變故是發生在朝鮮族身上，每天約有六名朝鮮族因職災身亡。[30]

如果現在沒有六十四萬朝鮮族同胞居住在韓國，許多韓國家庭就沒辦法照顧子女，父母無法正常上班，缺少看護的醫院也會一團混亂，餐廳因為人手不足，僅能在限定的時間內供應食物，建築工程也可能會立即停止。朝鮮族在韓國社會從事必要卻「看不見」的勞動，韓國人過度依賴朝鮮族的勞動，最重要的原因是種族相同而且沒有溝通問題，但韓國人跟朝鮮族在情感上是否親密？為什麼朝鮮族移工會成為歧視和漠視的對象？為什麼他們會要求「想活得像同胞一樣」？他們想要的同胞生活究竟是什麼？

韓國最大的移民群體朝鮮族，是在移民政策完備之前來到韓國的第一代移民。他們經歷過韓國非官方移民的「黑暗時代」，包括「政府對非法移民的取締和捕抓，透過偽造簽證匆忙來到韓國，而成為各種移民相關詐騙的受害者」。二〇〇七年，由於訪問就業制和同胞簽證的實行，大量的朝鮮族移民首次獲得合法居留權利。最近，透過海外同胞的身分或通過恢復國籍到韓國長期居住的朝鮮族人數正大幅增加。

29 也被稱為「中國同胞」和「朝鮮族同胞」，本文中根據朝鮮族學者的命名系統，統稱為「朝鮮族」。

30 〈工業事故預防健康與安全〉，二〇一二年八月份報導，引用朝鮮族網站（www.zoglo.net）中國同胞職災糾紛案例的數字，轉引自李海鷹，《中壯年朝鮮族女性的勞動經驗與脫離式生活的研究》，梨花女大女性研究研究所博士論文，二〇一三年，頁三。

朝鮮族因為是會說韓語的同胞，而被排除在多元文化支援政策的受惠對象之外，結合了「非法」居民長期以來的生活習慣，而形成了獨特的移民文化。朝鮮族依賴親戚、家鄉朋友和學校關係的社交網絡找工作和取得滯留的相關資訊，並建立了自己的聚落，包含市場、餐館和居住社區等，是能夠自主生存的社群。通過這種方式，朝鮮族反抗韓國人對他們的忽略和歧視，並分擔彼此在他鄉生活的孤獨感。然而，這種內部團結有時會使他們暴露在各種傳銷詐騙和電話詐騙等欺詐和犯罪的危險中，並且產生與韓國人之間的距離感。從社會主義到市場經濟快速的制度變遷中，朝鮮族試圖透過移民來解決經濟危機，卻由於韓國社會的歧視和邊緣化，在生活上經歷了多重的不穩定。

分散與聚集，開拓者的精神

生活在中國東北（吉林、遼寧、黑龍江）和中國內蒙古地區的朝鮮族，是中國五十五個少數民族之一，其中大多數是朝鮮農民的後代，在十九到二十世紀時移居滿洲地區。十九世紀初，朝鮮人在清朝的封禁政策放寬後才開始進入滿洲地區，其遷移規模的擴大，主要是因為咸興道一帶的農民忍受不了飢餓，才遷移到清朝提供的開墾地區。自一九一〇年國權被剝奪後，人民為了進行抗日鬥爭而遷往滿洲，一九二〇年代，被日本帝國主義剝奪土地和房屋的慶尚道居民也進行大規模的遷移。一九三一年的滿洲事變*之後，為了使滿洲成為糧食生產的基地，日本政府透過滿鮮拓殖會社，以開墾團的名義強制慶尚道的農民移居到中國東北地區。到了一九四五年，強制動員人數達到兩百一十六萬名，其中一些人在解放後回到自己的家鄉，但慶尚道出身而來到滿洲內陸的移居者回國的比例相當低。[31]

一九四七年，中國共產黨開始分配土地，朝鮮族也定居了下來。由於社會主義國家計劃經濟體制嚴格的人口政策和戶口制度，朝鮮族在被稱為「安全農村」的自治地區扎根，同時維持社會主義集體勞動的共同體和民族的認同感。[32]朝鮮族參與了中國的抗日鬥爭，並成功在東北地區種植水稻，因而被稱為「模範少數民族」，他們的驕傲便是來自這樣的歷史經驗。

---

*編按：即一九三一年九月十八日爆發的九一八事變。

31 鄭瑾才，《這麼多的朝鮮族都到哪去了？》，Bookin 出版社，二〇〇五年，頁二三八～二四四。

32 申鉉俊編（聖公會大學東亞研究所企劃），《歸還或循環：非常特別且不平等的同胞們》，綠蜂出版社，二〇一三年，頁三一。

自一九八〇年代中期以來，韓國便已開放家鄉的親屬探望，在韓國有親戚的人可以經由邀請前來，這便是大規模移民的開始。從中國帶來的中醫草藥讓朝鮮族在韓國成功致富的傳聞，以及一九八八年建設新都市而讓營建產業復興、建築工地勞動力需求增加，引發了朝鮮族大量湧入韓國的趨勢。[33]然而，促進朝鮮族移民的主因，則是中國的改革開放和市場化，導致中國的社會再生產領域亦快速市場化。政府提供的工作減少，失業人口增加，隨著教育和公共服務成為產品，現金變得非常重要，中國人民必須通過個人的策略和冒險精神來克服市場帶來的危機。[34]而朝鮮族不論地區、階級和地位為何，都受到「移民風潮」影響，離開了故鄉。他們選擇用移民的方式來克服社會主義國家安全網的危機，以及市場經濟轉型所帶來的社會再生產危機。被排除在改革開放市場和市場化之外的朝鮮族農民，發現了經濟快速成長的「母國」，並勇敢地嘗試移民。

自一九九二年韓中建立外交關係以來，韓國人大舉前往中國，而朝鮮族也湧入了韓國。由於移居韓國的朝鮮族匯回的外匯，使得朝鮮族自治區的消費風氣大增，到處都氾濫著到韓國的「成功神話」。儘管移居韓國的風氣正盛，但卻沒有正式的管道能夠前往，基於大多數人想盡辦法移民的渴望，於是出現了大量的移民代理和仲介。[35]純樸的朝鮮族支付大筆費用給來自韓國的仲介，購買偽造的護照（姓名與年齡不符），或偽裝成已婚移民的父母，用盡各種可能的方法試圖移民。朝鮮族的大規模移民並非以國家或法律為基礎，而是依賴商業仲介來進行，使得以朝鮮族為主的移民產業爆發性地成長。二〇〇五年，韓國政府實施了一項自願離境計畫，以減少在韓國非法居留的朝鮮族，並在二〇〇七年實施了訪問就業制，讓沒有親緣關係的朝鮮族也可以到韓國訪問就業三到五年。這個制度提供了許多朝鮮族移民合法居留的機會，截至二〇一七年，韓國國內約有六十六萬名朝鮮族同胞，占外國移民總數的百分之三十二。[36]

韓國人認為朝鮮族全都蜂擁而來韓國，但事實上，朝鮮族早已移居全球八十八個國家。日本、北美、俄羅斯、歐洲、澳大利亞、阿根廷等地散居著六十萬到六十五萬名朝鮮族移民。自朝鮮族人口開始遷移以來，二十年間，共有總人口的百分之六十參與了遠距離

33 李慧景、鄭基善、劉明基、金敏貞，〈移住的女性化與跨國化家庭〉，《韓國社會學》四〇（五），二〇〇六年，頁二六八。

34 王曉明著，〈瀕臨「大時代」的中國：文化研究宣言〉，張英錫等譯，《歧路中國：當代中國頂尖知識份子探索歧路中的中國》，路之書出版社，二〇〇六年，頁三八二。

35 朴光聖，《全球化時代中國朝鮮族的勞動力移動與社會變化》，首爾大學社會學系博士論文，二〇〇六年。

36 外國人出入境政策本部，二〇一七年統計資料（http://www.immigration.go.kr）。

朝鮮族反覆地分散和聚集，並在所到之處建立民族聚落來維持語言和文化。圖為朝鮮族聚集處常常可以看到的招牌

移民。[37]

朝鮮族的移民動機和定居地，隨著職業和階級而有多樣性的變化。例如，在一九八〇年代前往日本的朝鮮族多數是留學生，他們目前大多在日本擔任大學教授或企業幹部，這與移民韓國的型態有很大的不同。[38]

朝鮮族的大規模移民也與韓民族的開拓精神密切相關。十九世紀為了逃離飢餓而移民，日本殖民時期則因為抗日運動和強迫勞動而被遷移到中國東北，從朝鮮族的歷史來看，他們不停地分散與聚集，所到之處皆建立了朝鮮族聚落並維持自己的語言和文化。事實上，在中國沿海城市和全球都市（首爾、紐約、東京、倫敦、巴黎、雪梨），很容易找到朝鮮族集中居住的地區，朝鮮族人口的重新分配正在全世界各地活躍地進行。同樣的，自訪問就業制實施以來，韓國社會的朝鮮族移民迅速增加，在朝鮮族居民集中的加里峰洞出現了「延邊城」，此外還有很多其他朝鮮族集中居住的地區。他們根據血緣和地緣進行「連鎖移民」，並在移居地形成新的「衍生共同體」。[39]朝鮮族的開拓精神與保存身分認同的意志結合，因此世界各地都可以看到朝鮮族的聚落。

向下的標準化生活

透過訪問就業制來到韓國工作的金紹山，在二〇〇九年跟我見面的時候是四十六歲。[40]他因為找不到工作而暫時在移工中心落腳，「因為我以前在中國沒有做過辛苦的勞動工

37 朴光聖，〈全球化時代理解朝鮮族的核心關鍵字〉，《Midri 學術誌》六，二〇一一年，頁七五。
38 權相淑，〈日本社會與中國朝鮮族：離散研究的幾個基礎分析〉，《Midri 學術誌》六，二〇一一年，頁四四。
39 朴光聖，〈全球化時代理解朝鮮族的核心關鍵字〉，《Midri 學術誌》六，二〇一一年，頁七六。
40 金賢美，〈訪問就業朝鮮族同胞的工作經驗與生活狀況〉，《韓國文化人類學》四二（二），二〇〇九年，頁二五～七五。

作，所以在韓國很難生活。」金紹山曾在中國從事教職五年，之後轉到一家銀行工作了十九年，並在擔任幹部時期從「內部退休」。他還是一位詩人，曾在二〇〇一年和二〇〇六年透過延邊出版社出版過詩集，這本詩集於二〇〇六年也在韓國出版。他將自己的詩描述為「探討人性的實質和生命的本質」。身為一名詩人和銀行幹部的金紹山，移居到韓國九個月後表示：「不管是在中國還是韓國，都沒有活著的感覺。」

他為了籌措女兒的教育費和自己的養老金，趕在「為時已晚」前來到韓國。由於看過很多朝鮮族在中國遭到仲介和韓國人欺騙，所以對於在韓國沒有親戚的同胞只要通過韓國語能力考試、不用花其他費用就可以申請的訪問就業制，他一開始也是抱持著半信半疑的心態。然而，當他通過訪問就業制申請時，卻高興得想要辦一場慶祝會。自從引入訪問就業制以來，那些在中國並沒有生計困難的朝鮮族之間，也掀起了移民回歸韓國的風氣，像金紹山這樣的中年朝鮮族，因為不想「在老後造成孩子的負擔」而來到了韓國。而且在延邊地區，如果沒有來過韓國會受到許多壓力，甚至無法加入別人的對話，所以有很多人不論怎樣都想先申請了再說，其他的就交託給命運。

來自延吉的金紹山並不擔心，因為他有很多親戚已經來到韓國，但他很快就發現，在韓國的親戚處境並沒有好到可以提供床位或介紹工作給他。雖然產業人力資源公司說會幫他介紹相關工作，但他一直等待卻都沒有收到任何聯繫。抵達韓國的前兩個月遲遲找不到工作，離開家鄉時所帶的兩百萬韓元卻都已經花光了。之後，金紹山透過職業介紹所和熟人的介紹，做過許多日薪制的工作，包括在首爾的鰻魚養殖場剝鰻魚皮（十九天）、透過大哥的朋友介紹，到江陵游泳池打掃（四十五天）、水原紙盒包裝工廠（半天）、在聞慶地區的柿餅包裝廠（半天）、製造可回收塑膠袋的工廠（半天）、九老數位園區工廠、弘益大學附近的桑拿房的清潔工作（三個月）、白雲溪谷餐廳的服務生（五十天）。其中做得最久的就是清理桑拿房，這是一個二十四小時服務的工作，「跟一位三十二歲的瀋陽人還有五十三歲的大叔一起，三個人從地下室開始打掃到三樓，連午餐時間都沒有，覺也睡不飽」。他說在韓國待了十個月後，自己已經淪落到韓國社會最邊緣的位置。

農曆新年時我到寺裡討飯吃，那時內心默默掉下了眼淚，在中國，農曆新年會休息十天到半個月，哪裡會想到我現在連能去的地方都沒有，只能到寺廟要飯吃。

金紹山喜歡到處旅行寫詩，中國幾乎沒有他沒去過的地方，他感嘆道，如果能為朝鮮族同胞開放更多像大樓或公寓守衛這樣「不那麼辛苦的工作」就好了。

金紹山的經歷呈現出韓國開放給朝鮮人的勞動性質和問題。無論他們在中國的專業或學術背景為何，朝鮮族在韓國都只能從事法律規定的單純勞動。

訪問就業制保障五年期間的往返自由，但是朝鮮族移住勞工不能自由選擇就業的類型，被允許的行業僅限於製造業、建築業、農畜產業和服務業。然而，除了韓國之外，移居到世界各地其他八十八個國家的朝鮮族，卻能夠透過社會提供的各種工作機會和社會參與，進入各種不同的職場。

來到韓國的朝鮮族對集體向下均等的生活並不滿意，但由於工資是中國的數倍，因此他們也只能接受目前嚴苛的條件。在中國，根據背景、階級和學歷差異，能從事的工作也就有所不同，但是來到韓國後，每個人都必須從事「辛苦費力」的勞動，並沒有機會發揮自己的專業知識和才能。車純禮女士在韓國做看護，她的兒子是一位牙醫，為了在延吉市開醫院，之後也會到韓國來，她認為兒子到韓國後在工廠工作是理所當然的事。朝鮮族已經能接受自己在中國雖然是一名專業工作者，但來到韓國時就得做體力活這一點。

韓國——削自己的肉賺錢的地方

許多透過訪問就業制第一次來到韓國的朝鮮族，在韓國工作到一半就返回中國，之後卻又再回來。當被問道：「為什麼要再回到韓國？」大多數人都是因為無法克服韓國工資與中國勞動單價之間的差距。儘管在韓國必須像「割身上的肉那樣」辛苦工作，但卻能夠直接得到經濟上的回報。在中國找的工作則因為工資相對較低、無法令人滿意，所以他們乾脆選擇不去工作，回到中國的生活只剩下玩樂和休息。在訪談時擔任餐廳服務生的李少芬，敘述她別無選擇，只能重新回到韓國的理由：

> 回到中國的每個人心都留在韓國，我也只是等著回去韓國的日子到來。一回到中國就像快死了一樣，身體並沒有哪裡不舒服，但卻無精打采的，一點胃口也沒有。我在中國什麼也不做，只是在浪費賺來的錢，一邊等待回去的日子，一邊不停玩樂。

留在中國的日子是「浪費金錢和恢復身體的時光」，為了擺脫焦慮，他們除了再回到韓國工作之外沒有其他辦法。在韓國生病時，他們只吃從中國帶來的藥，或請親戚從家裡寄藥過來，很少去醫院接受診斷和治療疾病。即使知道病名也沒有空治病，而且醫療費用又很高，因此他們從未在韓國接受過治療。朝鮮族當中，有的人一回到中國，就突然死於癌症或其他疾病，這樣的案例引起了很大的話題。朝鮮族在韓國消耗身體健康賺錢，中間一度回到中國接受治療，當身體可以使用後便再回到韓國，並不斷重複這樣的生活。回到韓國之後，一想到必須賺回在中國休息時少賺的錢，以及花在治療上的費用，就只能咬著牙努力工作。李海鷹解釋，朝鮮族的中壯年女性無法在言語上表達身體的痛苦，因為她們是自己決定選擇「工作自由」，而疼痛便是個人應該自行處理的問題。[41]朝鮮族在賺錢和玩樂之間來回移動，賺取「身體勞動者」所能賺得的最大利潤。由於這種雙重空間概念和移民期間被施加的限制，他們在韓國時不會質疑工作的條件，而是有什麼就做什麼。大多數朝鮮族每天至少工作十二小時，每個月只休息兩到三天。

訪問就業制為朝鮮族提供了在有限時間內自由往來韓國的機會，卻未賦予勞工應有的社會權利。這項制度擴大了移工人數，卻不插手勞工與移民的基本權利，是具有「數量—權利相抵」（numbers vs. rights trade-offs）特性的一種制度。[42]訪問就業制限制朝鮮族只能從事製造業、建設業、農畜產和服務業，而且沒有求職和就業的相關支援與管理，雖然

安山多元文化特區地圖。可以看到不少專門服務朝鮮族的機構

具有擴大「勞動靈活性」的特點，但這項制度的就業完全得依靠個人。也就是說，雖然允許朝鮮族移工的數量增加，但卻不提供定居或安全勞動的制度性安排，移工如果因為工作而受傷或生病，就必須回到中國自己設法接受治療。在韓國，沒有人會關心、照顧他們，儘管朝鮮族對韓國社會有許多貢獻，但訪問就業制卻是一個不提供勞動力社會支援的制度，是全球勞動力靈活化之下所產生的一種形式。

---

41 李海鷹，《中壯年朝鮮族女性的勞動經驗與脫離式生活的研究》，梨花女大女性研究研究所博士論文，二〇一三年，頁三。

42 Martin Ruhs, Philip Martin, "Numbers vs. Rights: Trade-Offs and Guest Worker Programs", *International Migration Review* 42(1), 2008, pp.249-265.

「成功」與「不良」的習慣

朝鮮族橫跨中國和韓國的界線，構成移住勞工的身分認同。朝鮮族移民敘事的一面是「成功的故事」，例如透過移住勞動獲得經濟資源，為中國的家人提供住房、將孩子送進好學校或送出國留學。另一面則包括在韓國受到的歧視、透過偽造文件進到韓國、被仲介詐騙、離婚、在他鄉的孤獨和恐懼等負面經驗。這兩種敘事在一個人的移住生活中，有時交錯，有時分開。用「成功」和「失敗」來說明移住過程時，最重要的因素是，藉由移住所獲得的經濟資源是否得到適當的「循環」。所謂典型的成功故事，是將勞動賺得的錢投資到中國房地產、提升子女教育等文化資本，最後產生良好的結果。而是否為「晚年」生活做好準備也很重要，在吉林省「第一村」從事農業的洪芬熙於二〇〇三年透過訪問就業制來到韓國，當時她已經五十二歲，在韓國的一家餐館工作，三年後丈夫也來到韓國，並一直在建築工地做事。她是典型成功故事中的主角。

我女兒從大連大學畢業後，目前在日本的一家IT公司工作。我和丈夫為了之後回去的生活，在大連買了一間大公寓，這次他回去中國，把房子也裝潢好了。室內裝潢全是採用「韓國風格」，韓國風格比較好看，當然花費也比較高。一般來說中國式的牆面是白牆和油漆，但是我們選擇用韓國壁紙，我丈夫在韓國的時候是在建築工地做事，所以這些事他很在行。韓國很乾淨、人也很親切，但中國現在也改變了很多。我回國後去大連的海邊時，發現有很多值得一逛的地方，我和丈夫到了七十歲以後，想要搬到那裡去生活。那間公寓裡住了很多到韓國工作再回來的朝鮮族，以後我們可以在那寬敞的空間裡一起跳舞和運動。

成功故事裡最重要的因素是「子女的培育」，在吹起移民風氣之前，朝鮮族為了克服少數族群的限制和局限、為了進入主流社會，而傾向出國留學。隨著移民風氣的盛行，出國留學變成階級上升的必然選項，父母親那一輩在海外從事勞動，賺錢支付兒女留學的費用，也使得出國留學的學生人數激增。[43]受過高等教育的子女成為專業工作者，實現了全

43 李慧景、鄭基善、劉明基、金敏貞，〈移住的女性化與跨國化家庭〉，《韓國社會學》四〇（五），二〇〇六年，頁二五八～二九八；李海鷹，《中國朝鮮族已婚女性的韓國移住經驗呈現的認同變化研究》，梨花女大女性研究研究所碩士論文，二〇〇五年。

球化階級裡的階級提升，朝鮮族移民很自豪地誇耀自己的孩子是「懂得用腦的人」。然而，這種「成功」是在經歷了很多損失後才獲得的。移民是為了替子女創造更美好的未來，卻失去了與子女建立親密關係的時間和機會，朝鮮族移住女性只能支付孩子的學費和生活費，並定期與他們聯繫，透過「遠距離母愛」，不斷確定與子女的跨國家庭關係且持續保持聯繫。然而，通過經濟支援來實現的母愛是有限的，「遠距離母愛」和「透過日常關係和經驗建立的母愛」之間，存在著質量上的差距。一名靠著母親寄回來的學費和生活費在延吉讀大學的二十八歲朝鮮族女性，畢業後來到韓國，在仁川國際機場見到母親時，因為不知道該怎樣做而感到不安。她說：「要邊大喊『媽！』邊跑過去擁抱她，還是要像平常在電話中那樣冷靜地說『我來了』？我在來韓國的飛機上一直煩惱著這件事。我想表現出對母親的思念，卻因為長時間看不到母親、只能想念她，而難以產生自然的感情。」

朝鮮族移民女性一邊陷入遠距離母愛和經驗性母愛之間兩難的困境，一邊照顧著韓國人家庭的孩子。雖然他們是收「錢」來照顧韓國孩子，但照顧孩子時卻必須控制或壓抑自己的感情。朝鮮族的家庭幫傭常說：「女主人很討厭，而且我很想念自己的孩子。」韓國年輕母親在規定的時間給孩子吃點心，帶他們去聽音樂會或看表演，去上英語、鋼琴或跆拳道等各種課程，這被稱作「現代母親」或「專業母親」。朝鮮族移住女性也希望為孩子做這些事情，但她們只能通過電話「指導」兒女。兒女青春期的大部分時間是由留在中國的丈夫、阿姨或祖母照顧，或是在學校的宿舍裡度過，而沒有得到細心的關照和教育。落實母愛的欲望與實際執行之間，存在著時間和空間上的差距，這是移民女性在成功神話的背後必須承擔的現實。因此，透過訪問就業制來到韓國的朝鮮族年輕女性，偶爾需要回中國照顧一下孩子，然後再回到韓國。

除了成功的朝鮮族外，也有許多失敗的朝鮮族。在朝鮮族內部，男性單身移住勞工的失敗，通常被歸因於「酗酒、賭博、打麻將」，而「到舞廳放蕩跳舞、互搶別人舞伴」的女性，也是失敗的移民例子。

失敗的移民指的是某個人沒有丟棄從中國帶來的壞習慣，或者是生活受到資本主義消費和性文化的侵蝕而破壞。正是出於這個原因，賺錢意志堅強的朝鮮族有時不太希望與家鄉的朋友見面。特別是當男性習慣了韓國的消費文化時，就會開始喝酒、賭博、到KTV花錢，最後花掉所有的積蓄，沒有辦法匯錢回去，而不得不回中國。在韓國辛苦賺來的錢若隨便花掉或是遭到詐騙，都會被視為失敗者，然而隨著移民規模的擴大，在生活中很難不接觸到資本主義的各種「不良行為」。

朝鮮族大多在韓國有親戚或朋友，有的人會決定在韓國舉行婚禮或七十歲的壽宴，而不是在中國。我在二〇一三年訪問朝鮮族聯合會時，聚集在那裡的朝鮮族女性都說必須要糾正男性的「婚禮文化」。一般來說，婚禮結束後會再去餐廳、酒吧、KTV、中式餐館或韓國餐館，現在流行的趨勢是一直玩到第五攤，新郎家為了支付這筆費用甚至還得背上債務，客人也必須包上十萬韓元的禮金。我多次聽聞在中國和韓國的朝鮮族過度誇示的消費文化，這樣的行為背後的原因值得深思。朝鮮族在韓國被迫接受集體向下的平等化，而失去了個人的尊嚴。他們大多從事社會上不起眼的身體勞動，因此要藉由各種社群活動來產生歸屬感，並透過消費和誇示來得到他人的認可。也就是說，他們正在創造一種雙重文化景觀，結合村莊集體農場一同工作、進食的社會主義共同體的情感，以及資本主義社會的個性化和誇示性的消費行為。然而，這樣的消費主義行為，不知何時起變成以集體性和競爭性的方式運作，成為一種文化上的壓力，沒有參與的個體則會被排除在群體之外。

電影《黃海追緝》與詐騙電話

在韓國社會裡會用口音來分辨朝鮮族，對朝鮮族的印象首先是透過流行文化而形成。對於韓國人來說，朝鮮族的形象是源自電影《黃海追緝》和電視節目《搞笑演唱會》（Gag

Concert）中的電話詐騙集團——一個是為了賺錢不惜使用暴力或殺人的殘忍形象，另一個則是用欺騙的手段來賺錢的騙子形象。兩者之間的共同點是，為了「錢」，朝鮮族沒有不敢做的事。但現實則通常恰恰相反，就像朝鮮族對韓國的刻板印象是「可以輕易賺錢的地方」；韓國人往往將朝鮮族當作「會到處詐騙」的一群人。其實朝鮮族移工因為較少接觸資本主義的思維，而更容易成為新型態詐欺的受害者。因為他們最多只有五年的時間能在韓國靠勞力賺錢，因此不願錯過任何機會，移住期間的短暫性使得朝鮮族移工很容易成為被詐騙的對象。

在首爾的永登浦區、楊川區、衿川區還有安山的元谷洞等朝鮮族密集居住的地區，有大量的工作仲介公司，散布許多無法證實真偽的賺錢情報與資訊。中國東北是中國電話詐騙的發源地，也是朝鮮族密集居住的地方。人們通常認為所有的電話詐騙組織都是由朝鮮族組成，事實上，大多數詐騙的首領都是中國人、台灣人或韓國人，朝鮮族只是被動員的下級成員。[44]朝鮮族移住勞工大多是中壯年，其中很多人賺的錢都是用「現金」收著，這

44〈電話詐騙「惡魔的聲音」背後的主導是誰？〉，《時事頻道》，二〇一二年七月四日。

朝鮮族聚落裡有各式各樣的仲介公司，他們利用朝鮮族弱勢的地位賺了不少錢

使得他們很容易成為詐騙的受害者。曾幾何時，我遇到朝鮮族女性時，常常會被勸說使用多層次傳銷的產品，因而對她們相當感冒。中國和韓國的多層次傳銷公司深深滲入朝鮮族的社群之中，二〇一〇年的《延吉報》上還刊載了朝鮮族遭受多層次傳銷詐騙的報導：[45]

> 破壞韓國社會的多層次傳銷已經將目標轉向朝鮮族，在延吉和韓國的朝鮮族都遭受到大規模的詐騙。韓國的多層次傳銷公司在中國延邊挑選了一些朝鮮族，任命他們做宣傳先鋒，那些被選為宣傳先鋒的人會用各種方式來吸引人群。這些公司帶朝鮮族到韓國觀光，並極力宣傳「當你選擇來韓國，人生就會從那一

刻開始發生變化」，大約有兩千多位朝鮮族參與首爾長漢坪的多層次傳銷。在銷售健康食品、服裝、生活用品的公司宣傳影片中，常常會出現一大群鵝，象徵以共同富裕為目標，結合資本主義和社會主義，就像鵝群一樣追尋共同體的富裕。

中壯年朝鮮族不僅因為多層次傳銷耗盡了積蓄，還常誤將家人和親戚的錢也投進去。「不熟悉資本主義經濟的人很容易被欺騙。」朝中協會秘書表示，該協會打算透過文化運動加強朝鮮族的能力並尋求共同體的自立。年輕人辛辛苦苦準備老後的生活，夢想卻在瞬間破滅，最終成為了「失敗」的移民。一名移住勞工的真誠、執著、勤奮和勤儉儲蓄，在面對韓國人設計的各種衍生品和詐騙行為時其實相當無助。

朝鮮族「孤立」的自我生存網絡，可能會受到團體性的破壞。他們為了獲得工作情報和減少孤獨所維持的親戚、朋友和同事之間的多元化社交網絡，最終卻變成新型態詐騙的

45〈詐騙朝鮮族的韓國多層次傳銷詐騙公司〉，《延吉新聞》，二〇一〇年五月十日。

流通網絡。移民之間的社交網絡具有降低移民移動成本和相關風險的優勢，[46]但這樣的網絡也伴隨著謠言、好奇心和欲望，根據不同情況，這個網絡也可能造成風險倍增。

在貧瘠的滿洲土地上建立獨立的共同體，並維持語言和文化的朝鮮族集體主義精神，卻成為出售幻想和欲望的資本主義的獵物。朝鮮族不僅在中國市場經濟的變化中未能得利，還成為韓國資本主義市場的受害者，在成功和失敗的交叉路口，繼續往危險的移民路上邁進。

我的家在哪裡？

韓國的朝鮮族說韓語沒有困難，但因為韓國人不願意接受朝鮮族在他們的家鄉定居，因此內心的歸屬常常會有許多掙扎。朝鮮族結婚移住女性何永蘭和我見面時已經在韓國待了六年，她說韓語時沒有任何困難，卻一直生活在沮喪之中。朝鮮族的韓語口音、外表和居住地區等外在標記一被發現，韓國人便會「輕視」他們，讓她感到壓力相當大。

二〇〇六年十月第一次來到韓國時，儘管語言相通，但由於朝鮮族特有的語調，讓我不願意主動找人說話，在搭公車或是地鐵時，即使手機響了也不敢接，因為怕周遭的人會指指點點，所以乾脆把手機關機，等到獨自一人時才回電。

在我住的社區裡，我似乎常成為被特別關注的對象，每當走在街上，社區裡的阿姨都會指著我不停交頭接耳。買東西的時候，老闆總是對我說：「這不是中國製的，請放心購買。」他應該不知道我是中國人才會這樣說吧？我想說的是，雖然中國以假貨聞名，但並非所有中國產品都是假貨或劣等品，在百貨公司和大型超市購買的商品品質就相當好，然而，因為韓國商人在假貨市場上銷售最便宜且品質最差的中國商品，這似乎已經破壞了中國的形象。韓國有強烈的自民族中心主義，有些人無視外國人，有些人則無條件地憐憫及同情外國人，似乎忘記我們朝鮮族也是一個有堅強意志、信念、能力和自尊心的族群。在韓國六年的經驗中我獲得的體悟是，一定要盡早學會標準語並使用首爾口音。

46 薛東勳，《勞動力的國際移動》，首爾大學出版部，二〇〇〇年，頁三二一。

儘管都是移民，但二〇〇六年在倫敦接受採訪的朝鮮族則表示，他們在英國並未因為朝鮮族的文化標記（cultural marker）而遭受歧視或排斥。[47]倫敦本身是世界各地不同民族聚集的城市，原本就有很多不同的英語口音，當地人不會歧視工作的類型和內容，也不會瞧不起「骯髒的工作」。他們說除了被「居住在英國的韓國人歧視」之外，很少在生活上受到歧視。當然，這也解釋了他們沒有進入英國白人主流社會的經驗。在英國的移民中，很多人一開始是以「非法」的身分工作，之後才從事商業活動。

起初是無證移工，後來成為建築企業家的朝鮮族人洪滿基，對他在英國的生活表示非常滿意。在中國，由於效率低下和腐敗，很難實現企業家的夢想，而在英國，雖然工作很辛苦，說英語也很難，但做生意的人卻平等地適用法律且守秩序。他補充說明，想要做生意的朝鮮族搬到歐洲比到韓國做「底層」工作要好多了。當我在研究英國和韓國的朝鮮族移工時，感到驚訝的是，居住在兩國的朝鮮族對於移住國的「情感歸屬」有相當大的不同。在倫敦遇到的朝鮮族比較少被歧視，並不是因為英國社會積極將他們融入主流，而是因為這個社會長期以來建立的對移民友好的種族與文化多樣性。

為了應對朝鮮族的高離職率，韓國政府提出了給予不更換工作場所的朝鮮族永久居留權的可能性，並藉由擴大同胞簽證表現出接納的態度。但是，合法的從屬關係並不直接導致心理上的歸屬感，在將民族視同國籍的韓國血緣主義式的國籍制度下，朝鮮族的問題一直引發討論，因為他們對血統和國籍（與韓國政府和人民）有不同的期望和認同。

朝鮮族在中國和韓國都是少數民族，他們在兩邊都有據點且能確保雙方的連結，「屬於兩邊」的身分，讓他們成為擁有特別價值的一群人。[48]雖然韓國社會將朝鮮族定義成以體力勞動為中心的邊緣勞工，但他們也是世界上第二大經濟體——中國的「全球人民」。在文化方面，朝鮮族同胞願意在韓國定居，但他們同時也是對兩個國家難以擁有完全歸屬感的「邊緣人」。

過去三十年來，韓國對於美國和歐洲的同胞提供永久自由往來的權利，這一點卻一直未適用在中國和中亞的同胞朝鮮族和高麗人身上。他們表示「想活得像同胞一樣」，就是希望像其他海外同胞那樣被對待，是不想要遭受差別待遇的一種呼籲。韓國政府對朝鮮族的驅逐、排斥和邊緣化歧視政策，使朝鮮族的生活失去了穩定和秩序，並對難以預料的生

47 金賢美，〈中國朝鮮族的英國移民經驗：以韓國城的居住者為中心〉，《韓國文化人類學》四一（二），二〇〇八年，頁三九～七七。

48 李珠熙，《中國朝鮮族的韓國移住經驗與自我認同策略》，漢陽大學文化人類學碩士論文，二〇一二年。

活感到不安。在這種情況下，被迫一直在資本主義網絡、在有限的時間內賺取更多錢的朝鮮族，不得不從事大規模詐騙或只好依賴仲介的情報網絡。這是韓國社會長期以來對朝鮮族移工的社會再生產和統合問題冷眼旁觀所造成的。

對這些人來說，韓國和中國哪邊是他們的「家」（home）？他們在哪裡才能過上穩定的生活？隨著在韓國定居人數的增加和期間的延長，越來越多朝鮮族將韓國視為新的「家園」，並開始產生心理和文化方面的歸屬感。他們認為韓國是一個熟悉和舒適的永久定居處，但卻仍然沒能實現長期居住的法律地位。因此，朝鮮族內部的各種運動團體主張不限制時間的「自由往來」和「修改同胞法」。[49]作為韓國最大的移民群體，朝鮮族不得不把中國和韓國都視為自我存在和歸屬的地方。在中國和韓國經歷過各種包容和排擠的朝鮮族，或許會繼續維持受害者的身分，因此可能會需要超越民族—國家的「第三種身分認同」。[50]他們是富有流動性的一群人，即使回到了自己的祖國，也仍考慮反向移民的可能性。韓國社會強制降低移住勞工和外國人的社會地位，使其向下同化（assimiliation），而他們的反向移民可說正是抵制韓國社會的證明。對朝鮮族來說，他們有兩個「家」，卻是難以在其中一處定居的全球化下的離散民。

49 朝鮮族政治運動的核心是修訂造成海外同胞的階級分化和位階高低的《海外同胞法》。一九九九年頒布的《海外同胞法》中規定，「韓國政府應提供必要的支持，使海外同胞不會受到不公平的限制和待遇」（第四條），該法律賦予海外同胞與韓國人一樣有房地產交易、金融交易和外匯交易等所有經濟活動的平等權利。當時頒布《海外同胞法》的背景，是為了吸引海外同胞的投資來刺激經濟活化，以克服IMF經濟危機。當時，韓國政府所想像的海外同胞主要是擁有龐大資本的美國與歐洲地區的同胞。這項法律將朝鮮族與獨立國家聯盟（CIS）的高麗人同胞排除在外。當時，韓國的無證移工中朝鮮族占的人數最多，但韓國政府並未將其當作法律規定的海外同胞，因為他們不被認為是「投資者」或是能夠自由從事經濟活動的對象。二〇〇一年十一月二十九日，由於朝鮮人民的激烈抗爭，《海外同胞法》被法院判定為違反憲法，之後經過數次的修訂，於二〇〇七年開始實行允許暫時性自由往來的訪問就業制。但目前的《海外同胞法》仍然具有歧視性，居住在美國和歐洲等發達國家的海外同胞，無論是個人還是商務目的都能夠自由往返韓國。另一方面，像朝鮮族等特定國家的同胞，就必須先參加韓國語能力考試。韓裔美國人來韓國前不需要參加韓國語能力考試，但是在韓國沒有血緣關係親屬的朝鮮族就必須參加韓國語能力考試。此外，就算通過了考試，自由往返的資格也有一定時間的限制。《海外同胞法》將海外同胞階級性地分類，並給予不同等級的身分資格，因此朝鮮族仍舊繼續要求修改《海外同胞法》，從這方面來看，朝鮮人和高麗人是「特殊和不平等的同胞」（申鉉俊編，《歸還或循環：非常特別且不平等的同胞們》，綠蜂出版社，二〇一三年，頁八）。

50 芮東勤，〈朝鮮族——尋求共生的主體：「第三種認同」形成的理論〉，《海外韓國人研究》，二〇〇九年，頁一三一。

◆ 太過韓國化的僱用制度——僱用許可制移住勞工

被選上的人——「好運」的孟克祖

孟克祖住在距離蒙古首都烏蘭巴托四十多個小時車程的地方，二〇〇七年透過僱用許可制來到了韓國。[51]歷經兩年，他才終於實現了到韓國成為移住勞工的夢想。

自一九九〇年代蘇聯獨立以來，蒙古認可了私有財產而突然轉換為市場經濟，這對蒙古人的生活造成了巨大影響。以前被國家僱用的人，在轉換為市場經濟的過程中失去了工作而陷入貧窮，另一方面，則變得需要金錢來購買從中國和世界各地湧入的工業產品，以前國家支援的部分——如在城市裡教育孩子、買房子，現在都成為需要購買的商品，現金的重要性也大為增加。長期游牧維生的蒙古人難以在短時間內賺取現金，且因製造業尚未發展，國內並沒有足夠的就業機會，在這樣的現實狀況下，成為「移住勞工」是賺取現金的唯一途徑。而韓國剛好在二〇〇四年開始實施僱用許可制。「蒙古的平均月工資約為八萬三千蒙古幣（七萬一千韓元），在韓國能夠賺到的月薪比在蒙古高出十倍以上，所以相當具有吸引力」，[52]也因此在蒙古颳起了一陣「韓風」。許多年輕人甚至在連居住的地方都沒有的情況下，就一窩蜂湧入烏蘭巴托，因為在草原上沒有辦法獲取資訊，又深怕自己會落後別人，孟克祖當初也是先到烏蘭巴托，輪流借住在親戚和朋友家。

孟克祖想要經由僱用許可制去韓國，第一道關卡就是要通過韓國語能力考試（EPS-KLT）。這項韓國語能力考試是從一千個問題的題庫中抽題，因此必須對這一千道題目瞭若指掌。那些想成為移住勞工的蒙古人，通常會在參加韓國語能力考試之前，先去韓語補習班上課三到六個月，或者找韓語私人家教。補習班的費用相當昂貴，相當於在城市工作

---

51 我在二〇〇七年十月受韓國國家人權委員會邀請，在蒙古進行了一次現場調查。該研究是為了分析蒙古人和越南人在來韓國的過程中所遭受到的人權侵害。金賢美、金基敦、金敏貞、金正善、金哲孝，《僱用許可制施行以後，蒙古與越南人的移民與國際婚姻上所發生的人權侵害現象調查》，國家人權委員會，二〇〇七年，頁五〇～六八中有關僱用許可制移工的內容，以孟克祖的事例為中心。

52 〈年輕蒙古人希望到韓國工作〉，《每日勞動新聞》，二〇〇六年八月十日。

幾個月的工資，所以他們去韓國之前，由於在城市的學費和生活費，便已背負了一大筆債務。孟克祖為了參加了一年一次或兩次的韓國語能力考試，很早就來到烏蘭巴托準備，並等待著考試日期宣布。

他為了遞交考試申請表，來到烏蘭巴托納達姆體育場前露宿排隊等了三天。二〇〇七年，蒙古與韓國政府協商，同意接受一萬五千名蒙古人參加韓國語能力考試，先不管考試有沒有通過，如果連考試申請都沒排到，那麼至今一切的努力都將白費。二〇〇七年五月十七日至十九日，在體育場附近排隊的人數超過了三萬人，排隊者的家人大老遠跑來送食物，並在他們去洗手間的時候幫忙占位。納達姆體育場附近最後聚集了五至六萬人，成為各種紛爭與暴力的競技場，負責管秩序的警察收受賄賂並幫人「插隊」，在過程中發生了爭執，所有的情況都被蒙古媒體報導了出來。孟克祖支付了三十美元，幸運地躋身一萬五千名考生之列，得以在兩週後參加韓國語能力考試。考試結束四週之後公布成績，一萬五千人中有一萬三千人通過，錄取率達到百分之八十六．七。

事實證明，韓國語能力考試並沒有什麼鑑別能力，我在蒙古做田野調查期間遇到的大多數蒙古移工，雖然高分通過了韓國語能力考試，卻沒有任何基本的韓語閱讀跟理解能力。

孟克祖理所當然也通過了韓國語能力考試，接著到指定的醫院支付了四十五美元接受健康檢查，檢查項目包括肝炎、肺結核、梅毒、性病和愛滋病。蒙古人中有許多是肝炎帶原者，因此要通過健康檢查並不容易，但有傳聞說，如果在健檢過程給點錢，就可以改變結果。通過健康檢查的孟克祖必須遵照「就業申請期」進行工作登記。經過重重關卡後，一萬一千名求職者的名單會傳到韓國產業人力工團，求職者名單上的人數是實際來韓國人數的五倍。以二〇〇六年來說，名單上的一萬六千兩百零一名蒙古人，最終有八千三百九十四人來到韓國。[53]求職者名單上僅記錄了身高、體重、性別和韓國語能力考試的分數，韓國的雇主——也就是所謂的「使用者」——會根據這些情報從求職者名單中挑選，再寄送勞動合約給他們簽訂，等勞動合約簽訂完後，他們才可以出發前往韓國。

孟克祖的運氣很好，被雇主選上且簽署了勞動合約，但是他卻不能在自己想要的製造業工作。無論移住勞工個人的經歷或意願為何，能夠從事的職業範圍是根據韓國語能力考試的分數來決定的，如果在滿分兩百分裡獲得超過一百二十分，就可以申請所有職業，也

53《每日勞動新聞》，二〇〇六年八月九日。

隨著蒙古和韓國交流日益增多，航空貨運、海運和二手車等各種貿易活動變得非常興盛

包括製造業；但是成績若在六十分到一百二十分以內，就只能從事冷凍倉儲、農畜產業和漁業。[54]最後孟克祖到了養馬和訓練馬匹的賽馬場，其他朋友被分配到的工作也各不相同，而且事前都不知道自己會到什麼地方工作。

經過漫長的等待，孟克祖終於能前往韓國，因此高興得不得了。行程確定之後，他來到當地的行前教育機構，完成了為期兩週的韓國就業基礎教育。負責基礎教育的是韓國產業人力工團派來的教師，教師警告他們喝酒要節制，因為「蒙古人在工作場所死於職災的比率，還比不上酒後在街上徘徊、發生交通事故死亡的比率」。在我親身觀察的行前教育中，韓國教師經常把蒙古人形容為非理性且無法控制，且不停告訴他們能夠到韓國是他們的榮幸。

有些人像孟克祖一樣，幸運地被韓國雇主選上而有機會去韓國，但也有許多人沒有被選上，只好「無限期地等待」。其中有人光健康檢查就做了好幾遍，辭掉了原本的工作等待著去韓國，有的人甚至為了準備去韓國連房子都賣掉了。在蒙古，有的仲介和韓國雇主共謀不軌，私下通知已經被選中的人，說會幫助他們被選上，但要求支付一筆錢，仲介和雇主再一起瓜分這筆錢。大多數蒙古人在通過韓國語能力考試後一年多都接不到任何聯絡，完全不知道自己還要等多久、是否還有機會去韓國，因此心急的人常會上「移民詐欺」的當而失去大筆金錢，詐騙者會用「快速通關」的名義，或宣稱會把他們的名字往前挪。[55]由於沒有具體的資訊來規劃和掌控未來，許多蒙古人只好無助地等待著可以去韓國的日

54 目前韓國語能力考試的及格成績為在滿分一百分中獲得四十分。之後會基於得分分布量表進行相對評價，確定選拔人員的數量。根據得分高低，移住勞工能選擇的行業將受到限制。

55 在印尼、蒙古和越南等國家，仲介或官員以「快速通關稅」或「通行費」等名義要求大筆款項，來調動求職者名單上的姓名順序。也會發生即使韓國語能力考試的分數不夠，仍舊順利通過的違法行為。（金賢美、金基敦、金敏貞、金正善、金哲孝，《僱用許可制施行以後，蒙古與越南人的移民與國際婚姻上所發生的人權侵害現象調查》，國家人權委員會，二〇〇七年；金石浩、鄭基善、李正恩、呂禎希，《勞動移民的趨勢與社會統合政策的課題》，經濟人文社會研究學會合作研究叢書，韓國女性政策研究院．韓國社會學會，二〇一一年，頁一五〇）。

子，而成為「等待移民失業者」，或甚至遭到「移民詐欺」。若是等待的時間超過了韓國語能力考試有效期限的兩年，他們就得再次參加考試並重新接受體檢。結果有的人因為一直花錢，卻等不到韓國政府的任何消息，而對韓國產生怨恨，最終放棄等待。我與蒙古人的訪談中充滿了諸如「運氣」、「命運」、「快速通關稅」、「通行費」和「有人這樣說」等詞語和傳聞。

孟克祖的經歷是亞洲十五個國家的公民在成為「移住勞工」來韓國之前的共同經歷，但情況因每個地區的特殊性而異。顧名思義，「僱用許可制」代表韓國的雇主享有全部的選擇權。然而雇主的「選擇權」並不完整，因為他們必須在不了解求職者的技能水準和工作經驗的情況下，只靠國籍、性別、身高和體重的紀錄來選擇。這是早年僱用外國勞工的型態，根據「國籍」的刻板形象，用感覺來判斷勞工是否聽話且不會造成麻煩。一般來說，經濟發展先進國家的移住勞工制度，會提供客觀化的指標，如學歷、履歷、技能水準，最重要的是勞工本人的工作經驗和想從事的工作類型，但在韓國，卻不是通過雇主和移住勞工之間的媒合來進行，而只透過韓國雇主單方面的盲選。

也因此，孟克祖真的是一個非常幸運的人。

太過先進的制度

僱用許可制是在二〇〇四年基於《外國勞工就業法》的制定而施行。這項制度取代了因違反勞工權利而受到批評的產業實習生制度，不僅透過標準契約保證最低工資，而且在這個制度下外國人是以勞工而非研習生的身分前來。僱用許可制保證外國移工跟韓國人一樣享有《勞動基準法》的權利，最重要的是，通過國際協定引進選拔和管理制度，消除了原本透過商業仲介所需花費的大量資金成本。這項制度被評價為相當先進，因為它採用了「聯合國和國際勞工組織ＩＬＯ的規範，給予不同國籍的移住勞工同等的工作條件」。[56]

與韓國簽署互惠協定的亞洲十五個國家，滿十八至三十九歲無犯罪紀錄的國民都有資格移居到韓國。如同前面孟克祖的例子，只要韓國語能力考試合格並通過健康檢查，就能進入求職者名單。名單上的人數，至少是韓國雇主要求的外國工人數量的三倍。這項制度

56 國家人權委員會，《〇九—一〇人權諮詢事例合集》，二〇一〇年，頁一六七。

雖是政府間的合作項目，但由於根據韓國雇主的需求而靈活選擇和僱用移住勞工的特點，而被稱為「僱用許可制」。

僱用許可制是按照幾項原則來執行。[57]第一項原則，是以補充而非取代國內勞動力市場的方式引進移住勞工。雇主必須證明他們已經努力招募韓國人一段時間，只有在找不到韓國員工的情況下才能合法僱用外國人。根據勞動部的說明，「僱用許可制是為了解決員工人數少於三百人的中小企業工人短缺的制度」。這是為了防止外國人和韓國人在同一行業競爭，以減少韓國人針對外國人進入就業市場的反感。由於外國人是韓國人的「替代勞動力」，所以他們的移民條件只允許從事韓國人不願意做、因而缺乏勞動力的3D產業，即所謂的「貧民窟職業」。[58]艾湯其曾在烏蘭巴托的一家中型企業工作，並且精通蒙古語、中文和德語，他認為自己在韓國應該是稀有的人才並希望成為口譯，但這樣的心願幾乎不可能實現。他等待了兩年，最後終於來到京畿道南楊州的一家「抹布漂白工廠」，擔任輔助生產線的工作，由於充斥有害物質、工作環境惡劣和工資低廉，這家工廠一直僱用不到韓國人。

第二是「交替循環」原則。合約結束後，移工必須返回母國，讓新的工人前來。原則上，外國移住勞工不能在韓國定居，他們可以在三年合約滿後回到自己的國家，再重新來韓國，最多可以工作四年又十個月，這段期間則禁止家庭成員陪同。在韓國合法居住超過五年的外國人有權申請永久居留權，政府為了防止經由僱用許可制和訪問就業制前來的外國人或同胞永久居留，因而強迫他們在這之前離開韓國。

第三是「限制移動」原則。除非有特殊原因，否則移工在韓國不能更換合約上的工作地點。如果不得已需要更換工作場所，在合約期間內最多也只能更換三次，且前提是移住勞工得「證明」必須更換工作的原因。對於那些不熟悉韓語、與雇主的關係又處於弱勢地位的移住勞工來說，要更換工作場所並不容易。申請更換工作場所的主要事由有：公司歇業、薪資拖欠、工作環境惡劣、受傷、言語暴力或性暴力等問題，移住勞工本人要負責提出證據並自行申請，但即使雇主的確發生上述事由，也很少會受到嚴厲的懲罰。

就算移住勞工有充分的證明，也不一定能更換工作場所。邵芬是來自柬埔寨的女性移

57 金石浩、鄭基善、李正恩、呂禎希，《勞動移民的趨勢與社會統合政策的課題》，經濟人文社會研究學會合作研究叢書，韓國女性政策研究院．韓國社會學會，二〇一一年，頁三三。

58 Geraldine Pratt, *Working Feminism*, Edinburgh University Press, 2004, p.39.

工，也是第一位出席國家調查作證的移住勞工。[59]她於二〇一二年六月透過僱用許可制來到韓國，並在全羅南道丹陽的草莓農場工作了一年。在到韓國之前，她簽署的標準合約是每月工作兩百二十六小時，每小時最低工資為四千五百八十韓元，按照這個標準，每個月的工資約為一百零三萬韓元。事實上，她平均每個月的工作時數超過三百二十小時，但超時工作的部分卻沒有獲得任何額外的工資。她向僱用勞動局提交了她一年間的工作日誌和工作時的影片，但僱用勞動局的官員並不採信。相反的，雇主對此感到惱火，並惡意控告邵芬是一個「逃脫」的勞工，剝奪了她的工作資格。根據目前的僱用許可制，韓國雇主可以申告逃脫工作場所的外國工人，如果移工在一個月內無法拿出證據辯護，就會成為「非法」滯留人士。邵芬提交了好幾次相關證據，僱用勞動局卻只承認部分索賠，以積欠一年工資的名義支付她四十萬韓元，並告知她仍舊不能更換工作場所。

僱用許可制不平等地擴大了韓國雇主可以行使的權利，且嚴重破壞了勞工的工作權和就業選擇的自由，但這些卻是民主社會最基本的權利。根據政府間的協議，合約期限至少保證三年，但雇主被賦予類似司法機關的權力，能決定移住勞工的滯留資格，從這一點來看，就像是容忍私人封建式的統治。此外，僱用許可制還禁止提供企業的求職訊息給想尋找新工作的移住勞工，僅向雇主提供求職者信息，它像是一個現代版的奴隸勞動制，將資訊的不平等極大化，使勞工感到相當無助。

移民是指地區之間和國家之間的人口流動，因此一國的移民政策對其他國家的人民會造成很大的影響。[60]僱用許可制因為在選拔其他國家勞工的標準、入國方式和勞動權利保護等方面以韓國為中心，因此很難說是一種「先進」的制度。

59 邵芬的事例擷取自〈憲政史上最初參與國檢的外國移工〉（《京鄉新聞》，二〇一三年十月十四日）、〈僱用勞動部長官，對於移工工會的形成採負面態度〉（《真世界》，二〇一三年十月十四日）、〈一個月工作三二〇小時卻無法獲得報酬，韓國公務員不長眼〉（《國民日報》，二〇一三年十月二十八日）、〈外國移工初次參加國檢，透露一個月工作三二〇小時〉（《環境警察新聞）》，二〇一三年十月十九日）等新聞報導。

60 金賢美、金基敦、金敏貞、金正善、金哲孝，《僱用許可制施行以後，蒙古與越南人的移民與國際婚姻上所發生的人權侵害現象調查》，國家人權委員會，二〇〇七年，頁一八二。

多元文化環境中不斷進步的職場

移住勞工不僅填補了勞動力的不足，在把韓國社會推向多元文化社會方面，也發揮了重要的作用。來自十五個亞洲國家的外國人，在韓國數千家工廠和農場，與數十萬韓國人一起工作，一同度過無數的時光。然而，穆斯林工人在公司聚餐時，仍會被韓國老闆和同事強迫吃五花肉，如果老闆是虔誠的基督徒，每個星期天還會被要求上教堂。對穆斯林來說，宗教意味著衣食住行和世界觀等整體生活行為，豬肉不是一種根據情況「可選擇要不要吃」的食物，而是絕對不能吃的食物。長期與巴基斯坦、孟加拉和印度尼西亞等伊斯蘭國家工人共事的韓國人，越來越意識到這些面向，「認同」了他們的固有文化和宗教，並試圖提供替代的飲食方案。

跟外國人共同工作意味著脫離一貫的同質性思考，每天重新建構生活和自我認同的方式。來自中國、柬埔寨、烏茲別克、菲律賓、越南、孟加拉、泰國、印度尼西亞、蒙古、斯里蘭卡和緬甸等十五個亞洲國家的勞工，在韓國無數個工作場所工作，積極地與韓國人建立關係並互相了解，這是非常寶貴的經歷，也是建構多元文化職場的過程。在這個過程中，韓國企業雇主、韓國勞工和移住勞工之間，創造了公平的整合空間和學習環境，一步步學習多元文化的人權觀念。一個真正的「全球化企業」不是指遍布全球、壟斷某個產業的大公司，而是來自不同國家的勞工能在互相理解與人情倫理的基礎上，而非在訓育、無知或蔑視的環境下勞動的工作場所。文化與經濟並不是分開的，移住勞工對於工作的投入，取決於他們的文化認同性如何被對待和接受。

在韓國，僱用外國人的職場文化之所以不容易改變有幾個原因。一個是韓國社會中有許多人缺乏與外國人共同生活或在政治和社會領域接觸的經驗，外國人口的增加，無意間點燃了韓國人隱藏的種族敵對意識，並產生新的統治欲望。這種統治欲望經常出現在採用僱用許可制的韓國職場，因為這個制度將資本和勞動力之間的權力差異最大化。另一個原因，是韓國政府只是增加來自外國的勞動力，並未努力改善工作的環境與文化。由於他們是短期的臨時移住勞工，因此不被當作長期交流和接觸的對象，跟移住勞工相關的多元文化政策沒有編列任何預算，移住勞工被排除在與外國人社會融合的政策之外。[61]大多數韓國人並未積極改變，在沒有任何變化的情況下，只一味把「韓國式」的勞資關係和慣例強

---

61 金石浩、鄭基善、李正恩、呂禎希，《勞動移民的趨勢與社會統合政策的課題》，經濟人文社會研究學會合作研究叢書，韓國女性政策研究院．韓國社會學會，二〇一一年，頁二八～二九。

加在移住勞工身上。重點是，如果沒有外國移住勞工，韓國的中小企業早就無法生存下去，這些公司是靠著移住勞工支撐下來的，因此不應該再剝削外國人或把他們當作工具。

變化正慢慢地發生，越來越多職場創造了「多元文化環境」，幫助韓國人與外國人之間建立夥伴關係。透過產業實習生制度和僱用許可制，外國勞工的就業人數增加，雇主們促進了「職場全球化」，發現勞工離職的情況減少，生產率也有所提高。我於二〇一一年三月拜訪了E企業，這是一家位於忠清南道、製造鋼鐵的中小企業，工廠建築物外面同時懸掛了韓國國旗與泰國國旗。這家韓國公司因為強調韓國和泰國工人共同合作，而將兩面國旗懸掛在一起。總經理金仁哲自從引進移住勞工之後，首先做的就是將工廠的機器、安全看板和工作手冊改為「雙語」。

這些人通常會待三到五年，在這段期間避免發生工安事故是首要任務。我們在各種機器和警告標誌同時寫上韓語和泰語，員工訓練時還會請口譯人員來翻譯，每個月進行安全教育時，也請口譯用泰語來教導泰國員工。早期實行產業實習生制度時，我們直接僱用了精通韓語的泰國人，針對泰國勞工的需求做問卷調查，當時就已經將基礎架構建立了起來。

僱用外國人的公司首先應該要改變韓國勞工的態度，而不是一味強求外國移工適應韓國文化。在外國人進到E企業之前，公司內部先針對韓國員工進行了教育課程，主要內容是「禁止歧視」、分析泰國人的優點，並教授打招呼用的泰語。E企業之所以做出這樣的努力，是因為金仁哲曾經在國外工作，他認為移住勞工應該跟其他勞工一樣，有權利根據工資、工作難易度、工作地點來決定是否就業或離職。為了防止外國移工離職，E企業不僅將福利、工資和工作環境提升到良好的水準，還根據移住勞工的熟練程度支付工資，並引進了獎勵制度。

此外，克服農村地區中小企業的限制也相當重要。由於缺少三十多歲年輕人喜歡的城市風光和娛樂產業，E企業在外國移工的宿舍裡放置了撞球台、健身設施和乒乓球桌，提供運動的空間，並且安裝衛星天線讓移工可以收看泰國電視節目。金仁哲認為與其逼迫泰國移工使用韓語，不如讓他們收看母語新聞和娛樂節目，安撫他們思鄉的心情，漸漸也就能適應韓國文化了。除了一週在工廠工作的五天之外，公司並不會干涉移工個人的生活或休閒，他們可以自由地做泰國菜，或去安山和水原等移工聚集的地區。金仁哲對於沒有任何外國移工要求更換工作場所感到非常滿意。當然，韓國人和外國移工之間並非沒有起過爭執，但爭端主要在韓國勞工無視外國勞工的情況下發生。這個時候最重要的是迅速地處

E 企業用韓語和泰語一起標示工廠裡機器的安全告示和工作要領

理和調解，而且調解過程必須公平公正。金仁哲表示，改變了工作環境後，韓國人和外國移工變得更親密，工安事故的風險也大幅降低。但是，目前的僱用許可制對於韓國的管理者和移住勞工來說，仍有許多問題存在。

僱用許可制只依賴一份勞工名單來挑人選，基本上跟以貌取人沒有兩樣。因為無法了解勞工在技術方面的實力，也增加了管理上的難度。另外，僱用許可制是根據產業類別挑選，建築業只能待在建築業、製造業只能待在製造業，很難轉職。我認為應該要給予移工選擇工作類型的自由，但實際上卻沒能做到。

根據現行的僱用許可制，如果移住勞工更換工作超過三次，「僱用合約」就會被取消，成為「非法」的滯留者，這嚴重侵害了移工的就業選擇基本權利。由於適應方面的困難，除非企業積欠工資或工作條件過差，不然移住勞工通常不會輕易更換工作。許多韓國雇主仍將移住勞工離職視為「追求利益、忘恩負義」，將韓國不當的職場生態視作理所當然，不懂得檢討自己，只會要求移住勞工承擔所有責任。E企業的事例證明了僱用外國人的韓國企業，還可以做很多事情來改善工作環境。

雙重的受害者——女性移工

二〇〇七年，我訪問蒙古時所觀察到的僱用許可制，不僅在人數和挑選的形式上有所偏頗，在性別方面也產生了歧視。

我當時在烏蘭巴托認識了烏奇，他是電視台的總經理，也是一位紀錄片導演。他表示，移民韓國對蒙古社會的婚姻和家庭情況產生了重大的影響。

> 由於適婚年齡的蒙古男性去了韓國，蒙古女性很難找到結婚的對象。我認為蒙古政府將所有年輕人都送往海外的政策並不妥當，蒙古並非缺少工作機會，甚至由於缺乏建築工人，許多人還從中國和巴基斯坦來工作。因為男性人數減少，蒙古女性無法與蒙古男性結婚，才開始對國際婚姻感到興趣。

自僱用許可制實施以來，擁有生產和再生產能力的二十至三十歲蒙古男性大量前往韓國，造成蒙古長期面臨人口短缺與缺少適婚年齡男性的問題。韓國雇主更偏好能承受長時間體力勞動的男性，即使在不需體力勞動的領域，也不太願意挑選有懷孕或生產可能的女性。一些認為女性應該負責家庭與再生產領域的亞洲國家，在文化上對於將女性送到國外工作感到反感，有些國家則優先提供出國工作的機會給那些對失業和就業問題不滿的年輕男性。在緬甸，婦女甚至不能參加韓國語能力考試；在柬埔寨，僱用許可制被當作是二十多歲男性的專屬制度；在越南，則是戰爭有功者的子孫或親戚握有優先權。韓國男性雇主與人口移出國間的性別利害關係相結合，導致僱用許可制下男性偏多的情形，也因此造成移工等同於男性的觀念。二〇一七年，通過僱用許可制待在韓國的外國移工總數為二十一萬五千五百三十二人，其中女性只有一萬七千一百三十人，還不到總數的百分之八。

即使移民費用降低，透過僱用許可制到韓國的費用相當於在本國工作兩、三年平均月薪的總和。因此，在對女性開放的合法移住勞動管道非常有限的情況下，沒有資本的婦女往往會進入移民成本相對較低的領域，如家務勞動、婚姻和娛樂產業。由於僱用許可制這類合法的移住勞動管道被男性壟斷，女性只能從事家務勞動等勞動權不受保障的再生產領域勞動，或是男性不願從事的農業勞動。女性集中的工作領域因為雇主僱用的勞工少於四人，而處於《勞動基準法》的盲點——該法僅適用於僱用超過五名勞工的工作場所。此外，雖然《韓國最低工資法》適用於所有工作場所，但不適用在「家務勞動工作」上（第三條第一項），即連《性別平等和工作與家庭和解平等就業法》也無法全部適用（第二條第一項）。雖然《勞動基準法》保障僱用許可制勞工的工作時間和休假，卻沒有包含女性移工大量集中的農業領域。現行的《勞動基準法》雖有關於工作時間、假日和節日的規定，但第六十三條中將「土地的耕作與開墾，植物的栽培、種植和收穫，以及其他農林業、畜牧業、養蠶業和水產業相關的勞工」視為例外，而不能適用此法。[62]

62 朴恩正，〈外國女性移工的勞動人權與國內法律問題〉，性別與立法論壇暨韓國性別法學會冬季學術大會，《外國女性移工的勞動問題與立法．政策問題》，二〇一三年十二月四日，韓國女性政策研究院．韓國性別法學會主辦，二〇一三年，頁二一～二二。

最重要的是，僱用許可制下的大多數女性移工集中的農業領域，以及透過訪問就業制或僑胞簽證就業的領域——如家務、育兒、護理等——大多數的工作場所和居住空間沒有區分開來，私生活領域受到雇主全面的控制。在這種情況下，移工是否可以得到良好的待遇，完全取決於雇主個人的恩惠或善意。農畜產業的工作地理位置偏遠，不僅難以確保安全，住房的環境也很差。「臨時住所沒有廁所也沒有浴室，甚至連熱水也沒有，光住宿費，老闆每個月就要收二十萬韓元」，而且「因為沒有廁所，必須克服羞恥心與寒冷，到附近的草叢或水溝方便」，這樣的陳述，說明了她們的工作環境有多麼惡劣。[63]最近一項關於移住勞工的研究指出，「移住勞工住處中，百分之四十四．七的浴室和臥室並沒有安全鎖，而百分之五十二．八的雇主和其他人可以隨意進出」，此外，調查中百分之三十．八的女性移工曾直接遭受性騷擾或性侵犯，百分之五十．〇的人則回答她們曾目睹或聽聞同一農場的女性移工或熟人遭受性侵犯，說明了女性移工受到性侵害的程度相當嚴重。[64]

過去大多數無證移工所從事的農畜水產業的勞動，正被「合法」的女性移工取代，但女性移住勞工的基本權利卻沒有受到任何保障，而成為了性別歧視和種族主義歧視的雙重受害者。

移住勞工能否在此定居？

由於僱用許可制僅適用於勞工個人，在韓國滯留期間禁止邀請家人前來陪伴。同樣是外國勞工，專業技術勞工的家人陪同常被認為是理所當然的事，但對於僱用許可制和訪問就業制下純勞動的勞工，家人的陪伴卻是被禁止的。假設告訴一位在韓國企業上班的美國男性說，工作期間有家庭成員過來陪伴是違法的，他大概會覺得很不可思議。這項原則是一種不人道的規定，根據國籍和階級地位來區分外國人，剝奪了純勞動的勞工與家人一起在海外生活的機會，以及養育子女的喜悅。即使允許家庭成員前來，因為韓國人以自我為中心的文化本位和高昂的生活費用，也不是所有外國勞工都有能力帶家人來。然而，家人的陪伴是「非法」還是「選擇」，這是攸關勞工人權的重要問題。韓國政府並未加入

63 金伊燦，〈上廁所與呼吸的權利〉，《AMC factory News》三，二〇一三年，頁八～九。
64 李秉烈、金基敦、金思強、金素玲、金伊燦、尹智英、李韓淑，《農畜產業的移工人權現況調查》，國家人權委員會，二〇一三年。

《保障所有遷徙勞工及其家庭權利國際公約》（ICMWR），這是一項保護外國移民權利的國際公約，也是跟移住勞工及其家庭成員相關的公約。政府阻止移住者及其家人永久居留，因為不願意擔負他們未來產生的社會融合與社會福祉費用，而嚴格禁止家人陪伴前來。除非允許家人的探訪或陪同，否則移工隨時都得擔心離婚或家庭破裂，他們移住韓國原本是想為家人創造美好的未來，但最後反而造成家庭分崩離析。

移住勞工的權利是有限的，但他們不會一直處於被動或沒來由的樂觀，雖然知道韓國社會是一個嚴重歧視外國人的社會，但也有越來越多移住勞工因為高水準的文化生活或是民族群體的文化歸屬感，而希望帶著家人一同安定下來。一項實際的調查顯示，透過僱用許可制來到韓國的勞工中，有百分之十五希望繼續留在韓國居住。事實上，無論法律是否允許，基於「人類的需求」，有家庭陪伴的移住勞工比例正逐步增加，大約百分之二十至三十的移住勞工與家人同住，透過僱用許可制進入韓國的已婚移工中，則有百分之十四．二與配偶一起生活。[65]

移住勞工的定居需求不僅僅是為了高薪工作等單純的經濟因素，他們希望辛苦工作的代價，是讓兄弟姊妹和兒女能夠受益於韓國社會所提供的現代文化，如相對有效率的社會基礎設施和優質教育體系。第一代移住勞工傾向於忍受孤獨，為了匯錢回國養家，即使在

首爾全球中心所想像的外國人居民究竟是誰？圖為首爾地鐵站的宣傳廣告

韓國經歷了權利的限制和階級的下降，仍舊堅信自己的勞動是為了子女未來的成功。最近，來到韓國的移住勞工將韓國看作一個比起鄰近的亞洲國家，文化和教育水平較高、腐敗程度低且環境安全的國家，希望和家人一起在韓國生活，藉此與他們共同規劃更富裕的未來，並盼望生活方式能有所改變。

事實上，由於全球媒體的傳播，使欲望產生了不受區域和地點限制的「同步性」。移住勞工不管是從哪個國家前來，都希望透過經濟移民來韓國定居，在這裡追求高品質的生活。

65 金石浩、鄭基善、李正恩、呂禎希，《勞動移民的趨勢與社會統合政策的課題》，經濟人文社會研究學會合作研究叢書，韓國女性政策研究院．韓國社會學會，二〇一一年，頁五〇、頁七七～七八。

韓國社會也開始意識到，非熟練移住勞工的短期週期性政策無法滿足資本的需求。近來，韓國政府為了回應企業關於技術工人不足的需求，而實施了「誠信工作者再入國就業」的制度，允許過去透過僱用許可制前來的移住勞工再次回到韓國。藉此，他們最多能夠在韓國居留九年八個月。這項制度反映了韓國資本家的利益，熟練的工程師是資本薄弱的中小企業最重要的生產資源，移住勞工若返回本國，企業很可能就會面臨破產，因此才出現了這樣的制度。僱用許可制以短期循環的名義，限制非熟練移住勞工的居留時間，但當他們的技能成熟時，由於資本的利害關係，遂在某些方面允許他們融入移居國社會，對移住勞工可以說呈現了「雙重態度」。另一方面，韓國政府宣布對逾期滯留的移住勞工進行強力的限制和驅逐，反倒鼓吹了韓國人的仇外主義。與此同時，如果沒有移住勞工，將難以實現可持續的社會經濟發展，這的確是一個兩難的困境。

正如許多國家已經經歷過的，只要短期就業制度允許移住勞工進入的方式制度化，就不可能完全禁止移住勞工在此永久居住。依靠法律和警察的鎮壓，以及驅逐的居住禁令，反而會產生「非法」管道，增加移住勞工和政府的風險成本。韓國社會急需討論如何讓這群人「融入」，並開放移住勞工長期定居的權利、組建家庭的權利，以及參與社會保障制度的權利。正如資本的全球化跨越了國界一樣，現今，勞動力也已經全球化，並不停跨越邊界。由於全球資本的高流動性，跨越了國家邊界，為了克服資本主義秩序擴張帶來的危機，移住勞工的移動性也不斷提升。

◆從緩刑期的生活朝向穩定的生活——冕馬難民的故事

亡命者——被驅逐的一群人

「一艘小船上載著數十人，在海上經過數千公里的航行，最後被海洋警察發現時，所有人都相當憔悴——沒有衣服穿、只能用毯子遮蓋乾裂皮膚的人們；用飢渴的眼神看著母親乾扁胸脯的孩子們。」

我們經常在媒體上看到上述的「難民」形象，他們因為各種理由被母國「驅逐出境」而無處可去，看起來像是「無知、無用、對生活不懷著希望，需要餵養和照顧的異邦人」。沒有多少國家願意接受這樣的難民，然而，也有人認為既來之則安之，應該盡人之常情照顧他們，提供他們一個安全的住處，以及飲食與睡眠的地方。

難民是指為了逃離母國的迫害而前往其他國家尋求庇護的外國人。聯合國難民公約將難民定義為「任何因為種族、宗教、國籍、特定社會團體的成員身分或政治見解，受到母國迫害，因而居留在其母國之外，持有合理根據，且因畏懼，不願接受其母國保護的人」。從這一點來看，難民並非自願性移民，而是被迫遷移或被驅逐出母國。最糟糕的情況，是在母國被剝奪了所有權利，而在保護國又不被承認為難民，最後變成了「無國籍」。[66]

聯合國難民署（UNHCR）把無國籍的難民歸類為「被雙重遺忘的存在」，說明了母國和保護國都對難民漠不關心的現況。對難民的偏見和錯誤認知相當常見，像是「累贅」、「可能造成政治混亂和引發問題的人」以及「與保護國利益無關的移民」。然而，大多數難民是人權的守護者，他們在反對不當統治和國家暴力的同時，一直捍衛著自己的政治信念和身分認同，這也是他們在母國遭受迫害的原因。因為迫害而渾身是傷的移民，如果在保護國又被長期忽略，就會經歷到更嚴重的心理和經濟上的痛苦。

---

66 「protection」韓語翻譯成「庇護」。庇護申請人將自己稱為難民，但他們的難民申請還未通過，必須被政府認定符合難民資格，才能取得正式難民身分。在韓國，截至二〇一三年七月三十一日為止，五六七〇名尋求庇護者中有三三六人取得難民身分。參考聯合國難民機構韓國代表網站（http://blog.naver.com/unhcr.korea）。

出於政治原因，冕馬成為亞洲最會製造難民的國家。這一節將透過兩名從冕馬來到韓國的難民歷經種種過程，終於取得難民身分的故事，來看看在韓國的「難民生活」。

緩刑期生活的痛苦

韓國在歷史上曾是難民的製造國。從十九世紀開始，因為飢餓、貧窮和殖民統治而離開朝鮮半島前往滿洲和中亞的遊民，便算是難民的一種。自民族國家形成以來，韓國成為冷戰體制的競技場，最終還變成了戰場。從一九五〇年開始，持續三年的韓戰，產生了大量的難民。孤兒們向美國軍隊喊著「給我巧克力」，在街上遊蕩，尋求食物和睡覺的地方。那些因冷戰政治意識型態而飽受折磨和迫害的人，以及被強迫離開故鄉服勞役的人，也都算是難民。到了一九七〇和一九八〇年代軍事獨裁統治期間，有不少知識分子、運動人士和市民到歐洲和美國等地尋求「政治庇護」，並且獲得了保護。若是他們返回母國，可能會因為反政府活動而遭受酷刑，生命受到威脅，因此成為難民。

難民的類別和難民申請人的性質，如今也越來越多樣化。一九五一年和一九六七年的聯合國難民公約是冷戰體系的產物，產生難民的原因主要是政治、意識型態和軍事因素。

然而近年來，全世界的經濟紛爭和環境災難也產生了大量難民。新自由主義經濟秩序的擴張，導致跨國企業爭相掠奪資源，政治權力則與企業掛勾而袖手旁觀，全球化資本和地方政府共謀導致了難民的產生。傳統意義上的難民，和因為貧困或被剝奪權利而離開自己國家的人，兩者之間的區分逐漸變得模糊，後者被稱為「政治經濟複合型難民」。隨著難民人數的增加，保護國遂想努力區分「真」難民和「假」難民。邁克・薩默爾斯提到，假使某政府認定尋求庇護者是假的，那麼是否真有能力區分真正遭受政治迫害和面臨嚴重經濟困難的人？如果所謂的經濟困難是先進國家的政策所造成，那麼政府又是否有權拒絕庇護難民申請人？[67]由於既是經濟難民又是政治難民的複合型難民逐漸增多，要區分誰是政治難民，誰又是為了確保社會和經濟生存權的難民申請人，並不是容易的事。因此，傳統的難民保護國在認定難民時變得更為嚴格，跟人權的觀點相比，更多時候是以懷疑的眼光來看待難民。

韓國於一九九二年十二月三日加入了《難民地位公約》（*The 1951 Convention Relating*

67 邁克・薩默爾斯著，李永閔等譯，《移住》，青路出版社，二〇一三年，頁四一。

to the Status of Refugees）和《難民地位議定書》（*The 1967 Protocol Relating to the Status of Refugees*），除了韓國，另外還有日本、中國、菲律賓、柬埔寨和東帝汶等五個亞洲國家加入。然而，即使到了今日，韓國對難民的認定仍然非常苛刻。到二〇〇〇年為止，約有一百人向韓國申請難民身分，但韓國政府並未承認任何一個人為難民。二〇〇一年二月十三日，來自埃及的難民申請人首次在韓國取得難民身分。到了二〇〇三年以後，難民申請人數大幅增加，通過認定的申請人數也略增。而二〇〇八年後，每年有三百多人申請，其中約有三十至七十人能取得難民身分。難民的出生地區也很多樣，從中國、東南亞、中東到非洲都有。但是，在第一輪的司法部審核之後，只有不到百分之一的難民申請人會被認定是真正的難民。

難民因為是在緊急情況下離開自己的母國，所以通常會選擇相對容易進入的國家，有時他們也會尋求人口仲介的幫助。在採訪選擇韓國作為保護國的難民申請人時，我發現了一件有趣的事，那就是不少人選擇韓國是因為認為韓國是基督教國家，這是韓國基督教「熱情」的海外傳教工作所產生的結果。有些人透過韓國大型教會的幫忙取得宣教士簽證，或以參加福音大會的身分來到韓國，之後才申請難民。另外有些前來的人則以為韓國是一個良好的人權保護國家。金大中總統獲得諾貝爾和平獎、潘基文擔任聯合國秘書長，對韓國的對外形象有很大的影響。

韓國在亞洲是經濟實力僅次於日本的難民保護國，因此對難民來說是非常有吸引力的目的地。因為他們相信經濟上負擔得起的國家，更能實現民主主義和保護人權。然而，韓國卻是在不健全的體制下成為難民的保護國。與其他國家不同，韓國政府不允許具備難民申請條件的人直接向韓國機場或港口申請難民，難民申請必須在入境後的一年內提出，因此大多數難民申請人會先進入韓國，邊工作邊申請難民身分，結果他們的難民申請通常會被延遲，而遭懷疑是為了工作才來韓國。

申請難民後的審核過程是另一個問題。在審核過程中，難民申請人必須詳細闡述被迫害的證據。由於舉證責任在難民申請人身上，過程中如果敘事缺乏一致性，就會被認為是「捏造故事」或說謊。一般而言，難民申請人有權以自己的語言接受面談，國家會任命專業人士來當口譯，但是在韓國，二〇〇八年有約百分之七十的難民申請人是在沒有口譯的情況下接受面談。[68]用不熟悉的語言來解釋被迫害和恐懼的諸多複雜原因，幾乎是不可能

68 李浩澤，〈韓國的難民保護〉，財團法人日本難民保護支援協會、延世大學法學研究院主辦，「東亞難民的保護與市民社會的角色」，二〇一〇年，頁三六。

的。連司法部寄發的「不符難民身分處分通知書」，也是僅用幾行韓文來敘述，難民申請人甚至無法理解申請未通過的原因。不僅溝通有問題，連決定自己未來的關鍵面談，也相當韓國本位，只用方便行政的方式進行，而有損保護國的形象。

另外，韓國的難民認定程序很長，而且得到難民身分的比率很低。儘管二〇一三年韓國通過了難民法，將認定程序縮減到六個月至一年，但在此法頒布之前，韓國的難民審核時間平均為兩到三年，有時長達四到五年。且原則上，難民申請人在提出申請後的一年或訴訟的過程中不可以工作。但在其他的國家，不僅不會禁止難民申請人工作，還會為了安撫他們的情緒、顧及他們的生存，而提供基本的生活費用。反觀韓國政府，卻認為「因為你是難民申請人，所以不應該像移住勞工一樣工作」，不但禁止他們工作，也不提供基本的生計支援。由於韓國政府將難民申請人當作是貧窮和「非法」的移民，難民只能被迫放棄生計來證明自己是真正的難民，而不是為了來賺錢的非法移民。韓國的難民政策缺乏對人類生存的基本了解，非常暴力且霸道。在長期被禁止就業的期間內，難民的壓力會達到極點，並面臨嚴重的情緒和心理憂鬱。在沒有住房、基本生計、醫療和教育支援的情況下，有孩子的難民申請人只好讓家人餓肚子，或將孩子留在家中而不讓他們去上學，想辦法減少開支。他們也可能每週偷偷兼差數小時，但這相當不容易，因為會害怕一旦被抓到就可能被驅逐出境。與擁有許多同鄉朋友或同事的經濟移民不同，來自同一個國家的難民在流亡時通常不會聚在一起。有時根據種族、宗教和性別，他們可能成為廣義上加害或是受害的一方，因此，在所有移民當中，難民是最需依靠自己且孤獨的一群人。即使是最初信仰強烈的難民申請人，因為得卑躬屈膝地生活，隨著時光流逝，甚至會覺得自己活得像罪犯一樣。我把這樣的生活稱為緩刑期生活（life on probation）。「緩刑期生活」是種被耽誤的生活，在過去、現在和未來之間沒有任何連貫性和連續性，就這麼戛然而止。這是一種無法確定明天在哪裡的生活，身為人類卻無事可做，無論多麼聰明和富有動力，在體制下被迫貧困無助地生活，想要維持人格和尊嚴，是相當困難的一件事。

來自剛果的亨利是種族紛爭的受害者，他來到韓國申請政治庇護，為了通過難民認定，已經訴訟了四年多——當然，是在禁止就業的狀態下。他說，來到韓國後，感覺比在母國受到政治迫害時經歷到「更大的痛苦」（more traumatized）。他還沒有克服在母國受到酷刑和槍擊的創傷，就得在韓國繼續經歷強制性的貧困。作為一個虔誠的基督徒，他將目前的緩刑期生活解釋為「神為了給我更大的祝福，而以最大的考驗來試驗我」。當他離開剛果時，曾夢想著逃避迫害，而當前的苦難則是神給他的最大考驗。亨利現在在幾個教會裡做「信仰的見證」，以獲得基本的飲食供給，靠接受韓國人善意的幫助過日子。當我遇見他時，他因憤怒和自我厭惡而顯得非常激動。

美其名是難民保護，但因為韓國的法律和制度充滿對難民的偏見和懷疑，使難民和難民申請人的生活變得相當不穩定且充滿不確定性。難民申請人比任何一種移民都更加貧困與不安，這就是為什麼許多難民認為，他們在韓國受到的痛苦比母國的迫害更嚴重。難民要逃離緩刑期生活的唯一方法，就是盡早取得難民身分，獲得居留許可證後找一份工作。

逃離緬馬

譚民宇和海蒂來自一個多數人稱為緬甸的國家，但是他們則稱呼自己的母國為「緬馬」而非緬甸。[69]譚民宇在二〇一〇年、海蒂則於二〇〇九年取得難民身分，他們取得難民身分的事由是遭到政治迫害。譚民宇是全國民主聯盟（National League for Democracy，以下簡稱全民盟）的成員，他反對緬馬的軍政府政權，並提出了證據而獲得難民身分。海蒂除了參與反政府活動的政治因素外，所屬的欽族（chin）大多信奉基督教，在佛教國家緬馬裡屬於少數民族，於是因宗教、種族和政治等各種原因被認定為難民。他們獲得難民身分的原因，是因為較多人明白緬馬的政治局勢和鎮壓少數民族的情形。緬馬由於軍事獨裁，成為東南亞最大的難民製造國。冕馬的民主化運動中，包括由翁山蘇姬（Aung San Suu Kyi）領導的全民盟民主運動人士在內，由於軍政府的人權鎮壓，在國內難以進行政治活動，而到海外建立流亡政府和民主基地。冕馬正在製造大量難民，不僅基於政治因素，也出於宗教和種族衝突。其針對欽族、克欽族、傣族、克倫族以及羅興亞族等少數民族，以及佛教之外的伊斯蘭教和基督教的宗教迫害相當嚴重。一九九〇年代，緬甸政府還透過一項「四減政策」（four cuts）來壓制少數民族，該政策剝奪了羅興亞這些信奉伊斯蘭教的少數民族的土地、食物和住處，並且危及他們的安全。[70] 一九八八年發生的大規模反政府示威，引發了軍政府的大屠殺和鎮壓，主流族群的緬人逃往了邊境地區和泰國，欽族則逃到附近的印度。泰國和緬甸邊境一帶的湄索縣因而成為政治難民的密集居住地。

69 當我記錄這些冕馬難民的生活時，一直碰到電腦的拼字自動把冕馬改正為「緬甸」的情況，難民根據他們在離開國家時的社會地位來稱呼自己的國家。在這一節中，涉及冕馬難民的政治取向時會用「冕馬」，如果只是官方和對外的稱呼則用「緬甸」。

70 Eileen Pittaway, "The Rohingya Refugees in Bangladesh: A Failure of the International Protection Regime", In Howard Adelman(ed.), *Protracted displacement in Asia: no place to call home*, Aldershot, Hampshire, England: Ashgate Publishing, 2008, p.87.

安山外國人居民中心的國家標示。譚民宇和海蒂住在距離他們母國 3,763 公里遠的韓國

政治難民譚民宇與覓馬共同體

一九九七年，譚民宇在支付了人口仲介三千五百美金辦理護照與簽證後，來到了韓國。仲介在他抵達韓國後借用了他的護照，之後就消失得無影無蹤。譚民宇在沒有護照的情況下，於京畿道的各個地區——包括仁川、議政府、平澤、安山和金浦等地——不停遷移，並從事各式各樣的體力勞動。我擔心他會不會因為沒有證明文件而很難找工作，但他回答：「找工作並不難，有些老闆只僱用『不合法』的外國移工，因為工資低廉而且不需要為他們負責。」

他沒有與同一個地區出身的人來往，一直過著孤獨的生活，之後才發現在韓國也有全民盟。譚民宇一直堅持自己的政治信念，於二〇〇五年加入全民盟韓國分部，申請了難民身分五年後，終於在二〇一〇年通過難民身分認定。他是先以無身分證明的狀況工作了一段時間之後才提出難民申請，也因此，他處於逃離政治迫害的政治難民與經濟移民之間的模糊地帶。

韓國有許多難民申請人跟譚民宇一樣，面臨無法回自己家鄉的處境，因而提出了難民申請，這些難民被稱為「就地難民」（refugee sur place，在滯留期間成為難民者）。譚民宇離開母國時已經符合難民條件，但他長期以來一直在韓國從事「非法」勞動，沒有顯著的政治經歷，也不是擁有大學文憑的菁英分子，無法證明自己擁有政治難民的崇高「真實性」。於是他的難民申請馬上就被拒絕，又必須得在未來五年內完成難民認定程序。[71] 韓國政府斷定，大多數像譚民宇這樣的難民申請人，是為了從不法滯留身分轉變為合法居留而編造出難民事由。像他這樣身分曖昧、難以區分是移工還是難民的人，連韓國全民盟都

71 就地難民指在離開祖國時並不是難民，在這之後才成為難民，也就是在外地滯留的期間成為難民的人。他們來到韓國工作的期間，由於母國的政變或革命等突然的政治變化，擔心回去母國會遭受嚴重的迫害而推遲返國時間，並申請成為難民。尼泊爾、斯里蘭卡、緬甸等地區的移民中，透過產業實習生制度或僱用許可制來到韓國工作，卻因為母國發生內戰而無法回國，只好申請難民的情況也不少。金賢美、李浩澤、崔元瑾、朴俊奎，《韓國滯留難民的實態調查與社會待遇改善的政策方案》，法務部，二〇一〇年，頁一六。

不願意輕易接受。全民盟總務奈通（真名）解釋了「驗證」的必要性：

> 冕馬人民不能完全信任彼此，我們必須先互相驗證——在哪裡上班、為哪個組織工作，以及跟誰一起工作。若有一個冕馬人希望成為全民盟韓國分部的成員，至少需要一位董事會成員的推薦。得到推薦後，還必須參加我們所有的活動至少六個月，因此有些人花了一年的時間才成為成員。在這段期間，我們會觀察這個人，了解他的政治傾向和性格，同時審核他填寫的政治背景和簡歷，並調查他是否真的在冕馬參與過活動。這個人搞不好是軍政府的情報員，那就會帶來很大的危險。過了觀察期後，我們會投票表決是否讓此人成為成員。如果他有酗酒、誠信問題或與其他冕馬人鬥毆的情形，我們就會拒絕他的申請。我們會對成員的資格進行嚴格的把關。

譚民宇不僅要向韓國政府、也要向全民盟韓國分部成員證明他的「真實性」。雖然在冕馬他曾是全民盟成員，但要獲得韓國分部的成員資格並不容易，譚民宇希望重新恢復全民盟的成員資格，來獲得政治方面的存在感。對於已經取得全民盟韓國分部成員資格的人，韓國政府較容易認定其難民身分。由於世界各地都爆發各式各樣的爭端，難民人數不斷增加，少數負責難民業務的官員未具有足夠的專門知識來審核「難民申請事由」，只好依賴全民盟這樣的政治共同體。

全民盟成員每週日會聚集在辦公室一同學習政治。他們想向韓國人解釋自己為什麼會成為難民、被迫留在韓國社會生活。黑板上用韓語寫著「民主化」、「政治鬥爭和團結」、「自由」等單字。每個月的第二個星期日上午十一點至中午十二點，他們會到緬甸大使館前進行反政府示威，至於沒有示威的星期日，會在辦公室共進午餐，下午則進行「政治討論和辯論」，討論的主要內容是「為了冕馬的民主化，他們該做些什麼？能做些什麼？」以及「在回國之前，應該在韓國做些什麼？」。譚民宇原本的生活範圍主要在工廠附近，但成為全民盟成員後擴大了在國內外的政治活動。他們向韓國的國會議員解釋冕馬的民主化，並和其他國家的全民盟分部共同組成跨國性的政治共同體。這是譚民宇來到韓國後，首度將母國冕馬與韓國的生活連接在一起，根據兩國的環境和限制來做決策。換句話說，雖然他並未與冕馬有實際聯繫，卻為改變母國的政治環境付出了努力，在層層的網絡中建立起政治連結，得到許多豐富的經驗。在冕馬時，他透過參與反政府抗議活動表達自己的政治意願，而在遙遠的韓國，他則透過跨國性的團體，追求共同政治目的的實現。

譚民宇說，當他成為全民盟成員時，比取得難民身分更高興。他感覺自己得到同志的認可，感受到一群人共同分享政治意見、一起從事有意義的事情時的喜悅。這樣的感覺對於成為無證移工超過十年、社會性空間被剝奪的他來說，是一種嶄新的歸屬感。成為全民盟的成員後，生活上的焦慮減少了許多，他恢復了過去在緬馬爭取民主化時的榮譽感，並脫離在韓國非法滯留的奴隸身分，也重新找回了自尊。成為全民盟成員不僅得到政治的歸屬感，也從此脫離了緩刑期的生活，得以開始想像新的未來。譚民宇住在京畿道一個工廠的貨櫃屋裡，以一名無證移工的身分生活，並透過全民盟韓國分部的活動與全世界的民主化運動接觸，他的政治難民認同變得比來韓國之前更加穩固。他的社會歸屬感不是來自韓國政府，而是通過全民盟政治共同體裡的再政治化過程而獲得。

少數族群難民海蒂所得到的自由

海蒂是緬馬的欽族人，出生於緬馬東南部的欽邦（chin state），目前在京畿道的某地擔任英語教師。她是一名虔誠的基督徒，獲得韓國教會牧師的邀請，以「傳教簽證」前來韓國。二〇〇五年進入韓國後，她有一年多的時間以傳教士的身分生活，當簽證過期、正考慮申請難民身分時，剛好被出入境管理局的官員抓到，在外國人收容所待了一年六個月。

海蒂是家中的獨生女。她的父親在政治上是支持翁山蘇姬的全民盟成員，因為參與運動而被政府逮捕；母親則是出於宗教因素而非政治因素，希望得到信仰「自由」而逃難到印度。一九九九年海蒂十八歲時，離開了父母到一所基督教寄宿學校就讀，最後一個學期的才藝表演之夜（talent night），她製作了一張有照片和漫畫的宣傳海報，也因此帶來了麻煩。討論翁山蘇姬的問題或透過表演和印刷等文化形式鼓勵民主化是一種犯罪行為，因此學校附近的緬馬軍隊 CAMP13 看到了這張海報，便打算把海蒂抓走。

海蒂在老師的幫助下成功躲避開槍追趕的軍人，逃離了緬馬來到母親所在的印度。之後，她在加爾各答的一所神學院學習基督教教義五年，但不幸的是，她的母親在印度被抓到並送回緬馬，海蒂的安全也未受到任何保障。

之後，在與神學院有聯繫的韓國牧師邀請之下，她獲得傳教簽證，來到了韓國。海蒂認為韓國是一個基督教國家，並希望在這裡擔任傳教士，同時照顧孤兒和生活貧困的孩子。來到韓國後，她和牧師以及牧師的家人住在一起，相信牧師會鼓勵和安慰自己，因為他很了解在她身上發生的事。然而，她很快就意識到自己被當成了「賺錢的工具」。海蒂在教會的附屬幼兒園教英語，從上午七點到晚上七點，一天內休息的時間只有二十分鐘。

我早上七點鐘醒來，教導牧師的兩個孩子英語直到八點。教完這一小時英語後，八點去幼兒園，到學生家（搭幼兒園巴士）去接孩子們。然後從九點到十二點半繼續教孩子們，午餐時間只到一點，必須在二十到三十分鐘內用完餐。下午一點到七點繼續教英語，這些孩子是教會聖徒的孩子，從小學到高中課程都要教，一直到七點。接下來一個小時，則要準備幼兒園上課的教材，再回家教牧師的孩子，帶他們用英語讀《聖經》。通常會讀到九點，看當天情況而定。

從緬馬逃往印度、再從印度逃往韓國的過程中，海蒂經歷了極度的恐懼，當時她和父母完全失去聯絡，獨自一人，沒有任何人可以幫助她。在海蒂的人生中，教會是唯一的避難所和信仰之地，她曾期待韓國牧師提供一個「庇護所」，卻因為表情「沮喪」等理由經常遭到牧師鞭打，還被威脅要把她送回印度。無論遇到什麼樣的痛苦，海蒂都秉持著「與神同行就是幸福，神會為我做好準備」的強烈信念——儘管她甚至懷疑牧師相信的神跟自己相信的是不是同一位。她每天花十四個小時教英語，每個月掙得的七十萬韓元中，仍會捐出三十萬給印度的孤兒院。

最後，海蒂離開了邀請她來的牧師，去投靠另一位女牧師。然而，兩位牧師卻開始爭奪海蒂的「所有權」，最後她不得不回到當初邀請她來的牧師那裡。她認為自己被當成了「商品」交易：「英語教學是一門生意，英語補教業顯然是他的事業，而我是這個行業的勞工。」

傳教簽證一年的居留期限剛過，海蒂就在路上被出入境管理局的職員抓到，送到了外國人收容所。等於剛逃離牧師的掌控，就被韓國政府拘留。在外國人收容所待了十八個月，這段期間她申請了難民身分，但被拒絕了兩次，只好提起訴訟。最後，在公設辯護人的幫助下，海蒂於二〇〇九年得到了難民身分的認可。她至今仍記得第二次開庭時，韓國法務部難民調查官向她提出的問題：「翁山蘇姬的生日是哪一天？」以及「翁山蘇姬的童年是怎麼過的？」官員認為，如果參與反政府活動的經歷是真的，又當真這麼尊敬翁山蘇姬的話，應該要知道她的生日。但海蒂並不知道翁山蘇姬的生日，對她所屬的欽族來說，生日並沒有特別的意義，他們不會慶祝孩子的出生，也沒有人記得別人的生日。她對韓國的難民調查官感到非常失望，因為他們認為尊敬且跟隨翁山蘇姬，就應該記得她的生日，而不能理解欽族是與主流的緬族擁有不同文化的少數民族。對於自己的「政治信念」被這樣一個微不足道的問題驗證，讓她感到非常不快。

歷經幾番曲折後，海蒂好不容易取得了難民身分，卻聽到父親在冕馬監獄被處決，以及母親再次逃離冕馬、在新德里生活的消息。她想和母親一起住在韓國卻沒有辦法，因為母親匆忙逃到印度時，並沒有攜帶任何身分證明文件。

與譚民宇不同，海蒂的生活相對孤立。她仍然在幼兒園教英語，但卻沒有與韓國牧師或韓國教會有所交流。相反的，她參加了菲律賓、非洲、美國和南美洲等外國人會去的國際教會，並成為照顧孩子的志工。她在冕馬曾參與全民盟的活動，但因為全民盟韓國分部是以緬族男性為中心，所以她並沒有參與。她認為在以緬人為中心的「民主化」運動中，缺少禁止歧視少數群體以及性別平等的意識。由於主流緬人男性的獨大領導，來自少數民族的成員不受歡迎，而且無法得知重要信息。她參與了全民盟在冕馬爭取民主化的活動，卻不願在韓國還成為被忽略的追隨者。海蒂認為，冕馬的種族、宗教和性別階級制度，正在韓國難民之中重演。但她藉由取得難民認可，得到期待已久的真正「自由」——作為少數群體的自決自由、不被韓國牧師當作商品的自由，以及追求自己未來夢想的自由。

從緩刑期的生活朝向穩定的生活

獲得難民身分後，譚民宇的經濟生活並沒有任何變化。他沒有找到更好的工作，也沒有得到政府的支援，仍在同一個工廠以無證移工的身分工作。被承認為難民並獲得合法居住權，這個事實對雇主來說毫無意義，沒有多少韓國人知道獲得難民認可代表什麼意思。但由於有權在不被驅逐的情況下居留，所以譚民宇能夠持續安定的生活。另外一個顯著的差別是，擁有難民身分可以申請旅遊證件，讓他能前往家鄉以外的所有國家。

譚民宇生命中最大的變化，是透過網路談戀愛及結婚。二十八歲就離家出走的他，經過十六年的單身生活，如今已年滿四十四歲。全民盟裡許多成員跟譚民宇一樣，已經在韓國待了十幾年，不知不覺超過了四十歲。在得到難民認可之前，他們與冕馬的家人重聚或藉由「婚姻」建立新「家庭」的計畫只能不停延後。每週六天的工作和政治活動，以及聽網路電台播報的家鄉消息，並不能解決萌生孤獨感的根源。與所有其他成員一樣，譚民宇認為「只有冕馬人才能了解冕馬的政治局勢」，因而從未與其他國家的女性交往。幸運的是，兩年前他與網路上聊天認識的冕馬女性相愛，最後結婚了。譚民宇在決定結婚之前，曾要求親姊姊先和對方見一面，並在雙方家人的同意下結為連理。通常得到難民身分的全民盟男性成員會經由家人介紹認識女性，或者與以前在緬馬就認識的女性結婚。因為不能回故鄉，所以只能去緬馬以外的泰國或緬馬邊境的流亡政府進行結婚登記。譚民宇在曼谷舉行婚禮時，雙方的家人都沒有辦法出席。

雖然新婚後仍要住在工廠的貨櫃屋，但譚民宇說等妻子來到韓國後，自己想為她做很多事。他很會做菜，所以希望為妻子做很多美味的料理，而且他的夢想是讓大學主修韓語的妻子去讀首爾知名大學的語言學校、上最高級的韓語課程，並幫助她成為一名韓語老師。所有難民都希望緬馬的局勢好轉時，能回到家鄉安居樂業。譚民宇經歷了無證移工、政治難民和丈夫的身分變化，這樣的多重身分和經驗，見證了難民如何堅持生活的信念，並建立安定的生活。

和譚民宇一樣，海蒂的經濟狀況並沒有太大變化。對韓國人來說，他們仍然是「外國移工」。她希望韓國政府能幫助難民找到一個「穩定且不需要搬來搬去的房子」。[72]她將鼓勵社會參與的支援和依賴性的生活支援區分開來，認為比起用水準較低的社會支援讓難民成為「被動的依賴者」，不如尊重難民個人的意願和專業知識，並幫助他們發揮能力。海蒂希望她在印度獲得的大學學位能夠獲得認證，並取得教師資格證，然而，直到現在，韓國政府還未有政策能提供難民高等教育，或承認其學位並協助就業。考量到居住在韓國的難民申請人多曾就讀大學，並且非常渴望接受高等教育，因此難民的社會融合應該要從開放教育資源做起。

海蒂的難民身分被認可後，最大的變化是找到了一份工作，在心理上變得更獨立且勇於接受挑戰，她更加信任自己，因為必須為開拓自己的生活負起責任。海蒂希望跟隨神的旨意，幫助需要的人，但她有很多事情想做，還不願離開自由和安逸的環境。她在韓國曾經成為「英語商品」，長期處於被拘禁的狀態，現在終於能夠盡情享受自由的滋味。

海蒂的「緩刑期生活」，主要受到在母國被迫害的經歷和在韓國人格受損的經歷影響。難民身分的認可，意味著恢復失去的自尊，並且能自由追求自己想要的事物。從緩刑期的生活轉變為穩定的生活後，她才終於能自由地守護自己的尊嚴。

---

72 根據金賢美、李浩澤、崔元瑾、朴俊奎，《韓國滯留難民的實態調查與社會待遇改善的政策方案》（法務部，二〇一〇年，頁九七），在二八六名受訪者中，有百分之二十的人表示他們在一個多月內沒有穩定的住所。居處不定的最大理由是經濟因素，接下來是因為他們的身分很難與韓國房東或仲介簽訂租約合同。因此冕馬出身的難民有百分之三十八．七目前住在政府提供的保護中心（頁一〇二）。

難民爭論——政治性排擠與未來的民主主義

現今有許多國家正考慮是要接受難民，還是要通過嚴格的「無簽證」政策，禁止難民踏入自己的國土。要為了維持人權守護者的國家形象而接受難民？還是根據經濟性工具主義而驅逐他們？這個問題最近成為北美、歐洲和澳大利亞等傳統難民保護國的難題。在這些國家，每逢選舉期間，難民問題都會分裂國民的情感，即使與其他移民相比，難民的人數非常少，但難民問題仍舊很容易造成國民在政治上的對立。保守派政治人士將難民描繪成非法偷渡的罪犯，煽動對難民不了解的國民採取防禦心態，因此許多人將難民視為一旦接受、就會集體湧進的「累贅」。這種心理戰略使難民很容易成為政治犧牲者，完全沒有考慮到難民的移民動機及人權主義的觀點。

媒體和政治圈則是選擇性地強調難民的形象，不僅加深對難民的不理解，還強化了難民是「無用之客」的觀點。然而，從「全世界受苦的他者」的故事中，我們能夠領悟一個事實，就是有朝一日自己也可能成為難民。全世界各種爭端和環境災難的規模越來越大，生活的不可預測性也不斷擴展並加速，即便經濟繁榮的日本，在核災事故後也有許多環境難民離開，到其他地區申請難民庇護。隨著新自由主義經濟秩序的擴張，許多人失去國家的保護，覺得自己像是「無國者」。難民並不是特殊的存在，而是為了生存和保持自尊，重新定義自己的身分而跨越國界、實踐自我的移民。

韓國僅接受了難民申請中的百分之一，而且從未幫助難民融入社會，即便如此，仍在二〇一三年制定了難民法，廢除了難民申請時間上的限制，並提供難民申請人基本生活費，這些變革算是向前邁出了一大步，但同時，法律也造成了新的限制和問題。其中一個案例，是政府打算在永宗島建立難民支援中心，但該中心的位置和難民的實際居住地相離甚遠。難民支援中心設立在「支援」、「隔離」、「融合」與「孤立」的模糊地帶上，引發了巨大的爭議。

韓國過去的難民政策，讓難民和難民申請人處於不穩定的狀況，使他們感到極度不安。他們像處在緩刑期，在保護國韓國反而經歷更多痛苦。難民和難民申請人跟其他的移民一樣，都是懷抱期望的積極行為人，他們期待更美好的生活，渴望規劃新的未來，因此與難民有關的政策應該以「人權」的概念為基礎，而不是植基於「經濟中心主義」或「民族主義」的原則。韓國未來是否會像現在這樣永久將難民邊緣化？抑或藉著讓韓國人理解難民的人權和自由意志，而擴大民主主義的範圍？為了不讓韓國政府「先進」的政策白費，我們必須理解一件重要的事，那就是難民的生活水準，取決於接納難民的保護國採行什麼樣的融合政策。

◆從孩童的角度觀看——移民孩童／青少年的成長

兩次生日派對

初中三年級的拉迪過了兩次生日派對。一次是孟加拉社群的派對，母親在幾天前和孟加拉來的朋友們一同準備了酸奶、香料炒飯、白飯等孟加拉的傳統料理。拉迪像個小大人，製作了一張CD分發給來參加宴會的人，封面的照片是穿著孟加拉傳統服裝的他與家人的合照。拉迪與一百多名前來為他慶生的「孟加拉叔叔、阿姨們」，一起吃喝玩樂了一整天。他不會邀請韓國朋友參加孟加拉社群為他準備的生日派對，因為「生活方式不同」，他不喜歡讓朋友到家裡。跟韓國朋友一起舉辦生日派對時，他們則會去吃披薩、泡網咖或去KTV唱歌。根據韓國學校和家具工業園區兩地所屬的學生和勞工不同的儀式習慣，拉迪會像這樣舉行兩次派對。拉迪的母親每年都認為那或許是他在韓國過的最後一個生日，因此都會連夜準備豐盛的食物。他的第一場生日派對是社群的盛宴，孟加拉的移工展現了「文化生存性」，彼此分享對家鄉的渴望。另一方面，與韓國朋友的第二場生日派對上，則享用了美味的速食，藉著玩遊戲和打電動來增進男孩子之間的友情。

拉迪四歲時，為了與父親住在一起而跟著母親、姊姊來到了韓國。他的父親最初以產業實習生的資格來到韓國，最後成為了無證移工。拉迪在家具工業園區已經生活了十二年，全家團聚了一年之後，父親遭到取締而被驅除出境，但拉迪仍然與母親和姊姊一同留在韓國。他的母親韓語不太好，常常需要孩子們幫忙，姊姊的韓語和孟加拉語都很流利，而拉迪雖然聽得懂孟加拉語，卻無法閱讀或寫作。儘管他與同齡朋友一起玩耍時很開心，在家時卻會代替父親扮演「小家長」的角色，嘮叨姊姊的穿著和門禁時間。雖然父親在孟加拉心急地等待家人已經十年了，但他們並不想回去不熟悉的故鄉，母親則夾在焦急的父親和喜歡韓國的孩子之間，難以決定何時要回孟加拉。

像拉迪這樣在外國人社群聚集處生活的移民孩童／青少年，與來自相同國家或同一個民族出身的人群有許多交流，在成長過程中受到多重的文化洗禮。移民與社區裡原來的住民幾乎沒有來往，他們星期日會聚在一起煮飯、用餐並參加宗教聚會，年幼的孩子在那裡會得到特別的照顧和關愛。不分年齡、無論有無血緣關係，孩子們都稱呼所有的大人為叔叔、阿姨，在生命的每一次通過儀禮中得到眾人的祝福和疼愛。兒童在大多單身的移民社區來說是相當特殊的存在。在貧困的移民環境裡，孩子給人一種「仍有下一代」的心理安定感，廣義上賦予了彼此類似的家庭關係。事實上，移民不僅僅是一群為了錢而出賣勞動力的人，他們也會相愛、建立家庭和養育子女，成為負責任的父母，這也是他們自尊心的來源。移民在異鄉藉著對孩童的犧牲和奉獻，克服孤獨和孤單的感受，並且由於他們對留在家鄉的孩子感到內疚，而會給予其他移民的孩子更多無私的愛。

像拉迪一樣，在類似移民貧民窟的家具工業園區中長大的孩子，在文化方面會受到特別照顧，與從入境到歸國期間沒有太多機會和社會主流人群交流的成年移民不同，這些孩子接受了主流體制的教育，逐漸從移民的同質性文化世界中抽離。移民孩童在了解韓國孩童在週末和假日所從事的活動、與父母談些什麼和要求什麼、不需要打掃和洗碗的理由，以及如何辦生日派對之後，開始意識到自己的「不同」。孩子的眼前有兩個不同的世界，他們習慣在兩種文化之間移動的想像。學校是改變移民孩童最具決定性的地方，大多數移民孩童在進入學校後，迅速地改變了學習的對象。如果不了解韓國流行文化與大眾媒體，就很難跟同齡的朋友交談，若無法消費類似的事物，就很難跟別人打成一片。他們慢慢開始接受學校教導的主流群體的思想和習俗，並把這當成唯一的標準。[73]移民孩童在模仿韓國孩童的行為、語氣和飲食品味的同時，漸漸被主流群體的成員影響。有時，膚色、性別、階級等「差異」，會被他們包裝成冒險心、新奇、幽默，藉此表現自我。移民孩童在主流群體中很容易被注意到，為了獲得歸屬感，他們付出的努力比成年移民更加直接和迫切。像拉迪這樣的移民孩童，在兩個不同世界所要求的多重身分認同下，面對經歷青春期的叛逆時，會在「愛」和「烙印」，也就是認可與不被認可的兩種極端中度過。

在這一節，我想介紹自己所遇到的移工和難民的子女在「韓國的成長故事」。在韓國，有許多擁有不同移民背景的孩童和青少年生活在一起。所謂擁有移民背景的孩童和青少年，是指「擁有移住經驗的父母所生的子女」，包含了父母親之一與韓國人結婚所生的「多元文化家庭的孩子」、在國外長大的「中途入國子女」、「外國移工子女」以及「脫北者子女」。[74]但是，我在這裡將聚焦於移工和難民的子女，關注他們在韓國成長的感受以及在韓國學校的經歷。藉此了解移民的父母對孩子抱有什麼樣的期望，思考他們為何會對孩子快速地「韓國化」產生複雜的感受。

73 鄭暎惠著，藤井武譯，《齊唱「民之代」：認同・國民國家・性別》，Sam In出版社，二〇〇一年，頁一〇二。

74 彩虹青少年中心，〈何謂移民青年？〉（http://www.rainbowyouth.or.kr），二〇一三年。

沒有身分的孩童

移民孩童是由於父母移民到韓國，而在韓國生活的孩子，分成在母國出生、擁有母國國籍的孩子，以及在韓國出生的孩子。根據血緣主義的原則，在韓國出生的孩子如果父母親都不是韓國人，就無法向韓國政府登記出生，也沒有登記的法律義務。在韓國出生的移民孩童必須通過母國的大使館登記，這也不是一件容易的事。根據各國的出生登記法，有些國家只能在本國境內登記出生，無法在韓國登記。但難民申請人甚至不願意造訪母國的大使館，因為有些人是逃避國家的政治和社會迫害才來到韓國的。外國移民子女因為各種原因無法登記出生，而成為「無國籍」或「沒有身分的孩童」。

除非提供外國移民子女出生登記的管道，否則沒有身分的兒童會持續增加。問題在於，他們在韓國法律面前不具資格，而無法擁有兒童成長時所需的基本權利，如健康權和受教權。[75]事實上，韓國曾簽署了《兒童權利國際公約》，無論兒童是否具有居留資格，國家都應該支援兒童成長為「社會的一分子」。根據韓國的《基礎教育法》，國家應該給予每個人教育權並保障義務教育，不得因其社會地位或經濟地位而有差別待遇，因此，沒有身分的移民孩童至少可以接受中學之前的教育。[76]但是，無證移工子女則因為國家並不知道他們的存在，父母也很難用韓語跟學校或行政機構聯繫，因此自發性就學的情況並不普遍。沒有得到志工團體或熟人協助的移民子女，沒去上學的比比皆是，他們自然地繼承了父母喪失權利的狀態，或者選擇沉默地生活下去。

根據韓國國家人權委員會的統計，無證移工子女的入學率隨著學年的增加而下降，理由在於他們「居住不穩定、經濟困難、害怕暴露身分」等，且沒有就學時所需的「出入境紀錄證明」跟「外國人登錄證明」。[77]父母的居留身分通常會傳承給孩子，並影響孩子的整個成長過程，即使具有居留資格，也無法像「韓國人」那樣彼此交換信息，或支付昂貴的教育費用。由於移民除了公共教育以外沒有其他可以依賴的方式，在「教育投資與階級上升」直接相關的韓國社會，移民父母和子女都會調整或降低期望來適應。

移民者常說，他們忍受艱難的移民生活，是為了「給孩子更好的未來」。即使經濟上很困難，但仍非常關心教育和子女，然而，也有些孩子逐漸遠離了學校。這些孩子在學校

75 金哲孝、金基元、蘇羅美、申睿貞、崔瑞里，《移住背景兒童的出生登記》，拯救兒童基金會（Save the children），二〇一三年，頁十一。
76 國家人權委員會，《〇九—一〇人權諮詢事例合集》，二〇一〇年，頁一七九。
77 同前註。

得不到歸屬感的原因很多，學校提供了平等的機會和受教權，同時也是造成歧視和排擠的場所，看不見的「排擠」機制，會對這些「身分不穩定」的孩子的生活產生重大影響。

韓國透過居民登記的國民身分認證系統及完善的網路跟情報系統，提供與身分緊密連結的社會服務。居民登記制度不僅將韓國人和非韓國人區分開來，也決定了誰能獲得權利和社會服務。在韓國這樣大小事都需要驗證「身分」的社會生活，「沒有身分證明」或「身分不穩定」，會造成生活上非常多不便和不安。正如無證移工總是在環境最惡劣的地方工作一樣，無證移工的子女往往也會淪落組織結構的最下層。

來自緬甸的安婷瑜有一個小學一年級的女兒。[78]因為她的難民申請沒有通過，也未到大使館做出生登記，女兒因此處於「無國籍」的狀態。由於沒有合法的居留簽證，連銀行帳戶都無法開設。在女兒進幼稚園之前，她還可以忍受沒有銀行存摺或信用卡的不便，但在韓國的幼稚園和學校系統，基本上所有教育費和活動費都要匯到銀行帳戶或是透過網路支付，這種方便行政的制度，反而令無證或短期居留的外國父母惶惶不安。安婷瑜不得已只好每次都以現金支付幼稚園的學費，不僅拿不到收據，有次還因為老師說未收到款項，只好再繳交大筆費用。雖然把信封交給老師時有朋友在旁作證，但老師仍舊誣賴她沒有繳費，讓安婷瑜感到非常受傷。

此外，與身分認證相連的韓國行政系統，不僅造成不便，還無意間產生排斥的效應。象牙海岸出身的難民申請人海倫有一個七歲的兒子，每次都無法參加幼稚園的校外教學，只是因為沒有外國人登錄號碼而無法保旅遊險。每逢校外教學或戶外活動的時候，海倫就騙孩子說：「今天在家自習，不用去學校。」當然，母親的謊言並無法澆熄兒子對出遊的興奮和期待。如果老師能夠多一點人性的顧惜和照顧、系統也能多一點變通，這應該不是什麼難以解決的事情。但是在韓國，移民孩童無法參加學校的校外教學、郊遊和畢業旅行，是很常見的事情。

此外，開放給孩童的才藝課程或休閒活動，移民的子女也經常受限而無法參加。來自緬甸的羅騰有兩個孩子，一個十二歲、一個四歲，常常得擔心有人要求看他們的「身分證」。羅騰告訴我們，自從孩子上學以後，身分問題是如何讓孩子成為特定的排擠對象：

---

78 金賢美、李浩澤、李慧貞、申政熙、李姸珠，《韓國國內難民兒童生活實態調查與支援方案研究》，拯救兒童基金會，二〇一三年，頁三五～三六。本書一八八～一九〇頁有關難民子女的事例參考了此研究的內容。

孩子們若想參加學校的跆拳道比賽、漢字考試和韓國語能力考試，就需要居民登錄證號碼或外國人登錄號碼，我們因為沒有而無法參加。交通卡也是一樣，如果是學生的話就可以打折，但由於孩子沒有身分證而無法製作學生交通卡。孩子老是問我為什麼只有他沒有……朋友們都可以參加自己卻不行，孩子心裡似乎也很在意。因為沒有身分證明文件，所以像學校的費用也都無法使用銀行繳費。

即使擁有外國人登錄證或相關身分證明，也會因為非國民的身分而常常遭受排擠。韓國國家人權委員會提出的下面例子中清楚地表明，就算是兒童和青年，只要不是公民，政治忠誠就不可避免地會遭到懷疑。

我的侄子是在韓國出生的華僑第三代，就讀韓國的小學和初中。中學畢業旅行時，目的地是金剛山，要先辦理許多手續再從江原道搭船前往。然而，學校裡有人說華僑第三代不能進金剛山，結果最後連班導師都沒去成。我認為因為華僑身分而無法去金剛山畢業旅行，是一種歧視。[79]

排擠不一定是企圖或故意所造成的結果，除了國家龐大的法律和制度的因素外，也因為生活各個領域依國民或主流人群為基準所造成。這樣的制度對韓國人來說是理所當然的，他們並不知道它是如何產生「排擠的權力」。除了明顯的排擠外，移民孩童在生活上經歷的各種排擠，也加強了結構性的歧視。更何況，學校應該是促進平等和增進歸屬感的地方，卻未試圖了解移民孩童多元的背景以及社會條件，而機械性地跟隨行政系統，使得移民孩童很難找到「歸屬感」。

通常，韓語說得好又就讀韓國學校的孩子，會把自己當作廣義的「韓國人」。對孩子來說，「韓國人」的標準是熟悉韓國人、韓國人的食物、韓國學校、韓國朋友和韓國流行文化，他們所定義的韓國人身分認同跟這些事物有關。然而，在學校突然經歷到的「身分政治」，使孩子們感到困惑。來自非洲加彭的撒姆爾有一個上小學的女兒，因為沒有韓國

79 國家人權委員會，〈移住民人權〉，《〇九—一〇人權諮詢事例合集》，二〇一〇年，頁一七六。

護照或身分證明文件，她知道自己不是韓國國籍，但她同時不了解任何關於加彭的事，也知道沒有回去的希望，因此她的身分認同經歷了很大的混亂——「出生在韓國、看著韓國人長大，卻被拒絕以韓國人的身分生活，讓女兒感到很困惑。」

身分主義嚴密地控制著日常生活領域，並限制了移民孩童的教育機會和經歷，隨著升上中高年級，他們因為膚色、階級、種族、國籍而受到多重排擠。為了抵制排擠，一些移民孩童／青少年投入了會引起「道德爭議」或助長「輕微犯罪」的次文化，以獲得群體的認可或關注；另一些移民孩童／青少年則認為父母是一切的根源，而怨恨或看不起他們，並希望「脫離」父母。

最重要的是，韓國教科書和教育體系被單一民族中心的民族主義和種族主義束縛，沒有教導學生這些移民為什麼會在韓國生活，以及他們如何建立韓國社會的基礎並貢獻社會。結果，有些移民子女最後跟父母那「為了更好的教育和未來」的希望背道而馳，複製了父母的社會條件，成為低工資的移工。韓國聲稱自己是先進國家，主張社會要關懷和照顧未成年兒童，然而，未成年移民孩童的年紀，並不能成為主張「保護」和「權利」的根據。韓國社會的身分管理制度，造成了移民父母的無權狀態世襲給子女。

分歧的希望與期待

每個父母看到孩子每天不同的成長都會很高興。孩子們很快就學會了韓語和韓國文化。（……）但不知道從何時開始，他們成長的模樣讓我感到不安，覺得孩子們太過快速地單方面偏向韓國文化。喬納森回到家驕傲地說：「爸，我今天午餐時把泡菜都吃光了！」我於是誇獎了他一番，但同一天，他卻開始抱怨菜色：「媽媽為什麼不會做韓國菜？我不喜歡剛果料理……」聽到我心都涼了一半。[80]

擁有難民身分的勇比，離開剛果六年後終於在韓國跟家人團聚。雖然擔心三個孩子會因為種族或語言問題而無法適應，他們卻很快就受到韓國文化影響，而遠離了父母的語

80 勇比．多納、朴珍淑，《我的名字叫勇比：以難民的身分在韓國生活》，ewho book 出版社，二〇一二年，頁二九三～二九四。

言、食物和價值觀，漸漸地變成「韓國孩童」。像勇比這樣的移民不懂如何教兒女母國的文化、價值觀和語言，所以當他們的孩子迅速融入主流文化時，一方面鬆了一口氣，另一方面也擔心會造成文化的斷代。在韓國的生活是「暫時的」和「流動的」，隨時可能要回母國或搬到其他國家。當父母無法幫助孩子「社會化」和「文化化」時，移民的父母就失去了自尊心的根本。同樣的，移民子女習慣用韓國人的「觀點」看他們的父母，在同情或尊重父母的同時，也對他們的文化異質性感到丟臉和輕視。移民父母認為，當孩子透過讀書成為一名專業工作者時，自己的痛苦就會得到彌補，但事實上，他們不過是連子女的家庭作業都幫不上忙的外國人。在韓國長大的難民和移民的子女，與能夠傳授文化的本國親戚缺少連結，包括教養和文化傳承等兒童的社會化只能依賴父母來實行，也因此，移民父母在養育子女方面的壓力相當大。他們認為，隨著孩子的成長，教育或文化傳承的部分會減少，但他們仍舊缺少經濟資源讓子女接受替代的教育。在這種情況下，兒女快速地韓國化並不一定是好的結果。

對於沒有親戚或朋友等社交網絡的移民而言，父母將文化傳承給孩子，是確立自我認同非常重要的關鍵。然而，對人數較少的移民而言，除了母語的使用，有關母國文化、宗教、價值觀的傳授同樣相當困難。父母與子女之間因為歸屬感的差異，受到主流社會的歧視程度以及對新文化的適應程度也會不同，因而構成一個家中多種的身分認同，甚至導致了家庭破碎。[81]

特別是難民家庭，因為恐懼和迫害的傷痕，而削弱了父母親養家的能力，若是沒有外部支援就很難維持家庭的穩定。大多數難民家庭離開母國來到保護國，是以核心家庭的形式存在，因此在發生危機時並沒有能夠提供經濟支持和心理穩定的其他家人。[82]當父母和孩子之間發生衝突時，就缺少多樣性的解決方法。

米爾是緬甸的少數民族，二〇〇五年來到韓國跟取得難民身分的父親團聚，現在是中學三年級的學生，在學校很受歡迎。來韓國的頭幾個月他一直待在家裡，但入學後不到三個月就和同齡的同學玩在一起，韓語也學得很快。他的身材高大，所以沒有受到同學欺負，也很會打籃球和踢足球，跟其他孩子相處得很好。他有一個從中學一年級開始交往的

81 鄭暎惠著，藤井武譯，《齊唱「民之代」：認同・國民國家・性別》，Sam In 出版社，二〇一一年，頁一〇九。

82 Laila Tingvold, Anne-Lise Middelthon, James Allen, Edvard Hauff, “Parents and children only? Acculturation and the influence of extended family members among Vietnamese refugees”, *International Journal of Intercultural Relations*, 36(2), 2012.

女朋友，還說大學畢業後就要結婚。米爾的哥哥比他晚兩年來到韓國，因為韓語說得不好而沒有去上學或上班。哥哥唯一出門做的事，就是去伊斯蘭聖殿祈禱。孩子的父親沙奇認為米爾雖然擅長打籃球，但自己沒有能力幫助他成為成功的籃球選手，因而希望他把讀書學習放在第一位。沙奇移民後才開始從事體力勞動，他知道這有多辛苦，所以不希望孩子將來跟他一樣。沙奇無法阻止米爾熱衷籃球，也很擔心他跟朋友一起去網咖玩，他覺得米爾的頭腦不錯，到中學一年級為止功課都很好，最近是因為整天和朋友玩在一起，才讓成績下滑，雖然相信自己的兒子很乖，但又擔心他和壞朋友在一起會誤入歧途。沙奇說：「身為一個外國人，只要一犯罪，未來就全毀了。」米爾受不了父親的嘮叨，還曾經離家出走。

沙奇是遭受壓迫的少數民族，來到韓國後，直到取得難民身分前都與妻兒分開生活，因此過得非常痛苦。他把孩子一個個帶到了「安全的韓國」，希望他們接受良好的教育，並成為優秀的穆斯林。沙奇認為將自己的宗教認同傳承給孩子，並為孩子提供經濟支援、幫助他們適應和成長，是身為父親該做的，但他也發現自己很難同時實現這兩個目標。他說：「在韓國，大學畢業證書決定了公民權的等級。」深信只有讀書才能夠成功。沙奇希望米爾能找到一份穩定的行政工作，未來可以撫養全家人，他說：「在韓國核心家庭長大的孩子，在父母的溺愛中成長，造成了很大的問題。」認為一輩子撫養父母並以家庭為中心的人生才是正確的。

相反的，米爾說：「我的生活和父親的原則無關。」並表示大學畢業後、滿二十五歲時，就要跟現在的女朋友結婚，兩個人自己住。可惜的是，米爾所想像的家庭並沒有包含現在的家庭。在這個家裡，米爾是唯一一個對部落母語不感興趣且聽不懂的人，他至今唯一與父親達成協議的，只有不吃豬肉這項原則。由於沙奇和米爾兩人「分歧的希望和期待」，父子關係一直非常緊張。在韓國出生長大的移民孩童／青少年，常常受了韓國社會的自民族／自文化中心主義的影響，輕視外國人、外國文化，或將其階級化。因此，他們幾乎不想要了解自己的母國，有時甚至會抱持負面的態度。

移民父母對於子女因為種族差異或外國人的身分而遭到歧視感到挫折，所以對此也相當敏感，才會期待孩子在教育方面取得崇高的成就。父母由於淪為難民或移工的補償心理，認為外國人在韓國不受歧視的唯一方法就是成為一名專業工作者，因此除了讀書以外，一律不贊同孩子其他的志向和興趣。來自黎巴嫩的哈金有兩個孩子，他對孩子的未來表現出相當堅定的態度：

我女兒有音樂才華，但是我希望她念經濟學或財政學，將來去公司上班，喜歡音樂不見得就要從事音樂工作。我告訴她，為了將來工作的保障，要把功課擺在第一位，音樂只會干擾學習。我的兒子非常喜歡踢足球。但我希望他能成為一名醫生。足球只能當作興趣，絕對不能因為踢球而放棄升學。

作為文化傳遞者的挫折和焦慮，以及身為少數群體遭受的各種歧視和喪失權力的情況，讓父母變得更加頑固、保守和權威化。另一方面，孩子知道父母對自己的職業和功課的期望，但又沒有足夠的經濟資源、情報、權力和行動力來實現——移民子女和父母正經歷著希望與期待分歧的痛苦。

身為韓國人擁有夢想，身為少數者懷抱希望

移民孩童／青少年很容易在學校和地方社會受到關注。由於主流社會對少數群體帶有偏見，認為他們的生活都很貧困惡劣，只要情況一跟這樣的偏見不符，就會大肆讚揚或是小題大作。要是孩子在學校適應得很好、人際關係不錯，很快就會成為「成功」案例而受

到大家關注。孩子會不斷被鼓勵，宣稱只要努力、乖巧、聽話，就能克服社會上的障礙成為偉大的人物。孩子會因此以為自己未來能達到不錯的社會地位，不同於移民父母所經歷的歧視、貧困、孤立和排斥。然而，他們成長的過程中卻會經歷很多痛苦，會碰到非公民和貧困的處境，並且面臨階級上升的阻礙。這時能夠選擇的生存方式就是「調整期望」。移民父母認為，艱苦的體力勞動能很快累積經濟資本，而且可以很輕易地轉變為子女的文化資本，希望未來孩子能夠受大學教育並成為專業工作者。但事實上，父母的經濟投資決定了子女的教育水準，因此在沒有足夠經濟資源的情況下，在韓國社會要進大學、將來找個好工作，並不是一件容易的事。作為「少數族群」，如果學習情況不錯，會得到學校和社會的關注，但並不意味著可以輕鬆地爬上階級上升的梯子。父母也了解這一點，而痛苦地學習如何調整他們的期望。

緬甸少數民族出身的尼莎在韓國居住了十幾年，現在有合法的難民身分。她目前二十一歲、就讀高中三年級，相當喜歡講故事。尼莎在二〇〇三年來到韓國，很快就長大懂事了，自從資助他們一家的牧師去世後，全家就沒有其他人可以依靠而經歷了長期的貧困。她是全家韓語講得最好的，在教堂協助各種語言的口譯和翻譯。對尼莎來說，「懂事」的意思是，了解自己在韓國社會的地位。在這個過程中，她不得不調整自己的期望：

我從國二到高二為止一直當班長，很受同學歡迎，也有不少朋友。當被提名為班長時，我問老師會不會介意我的父母是外國人，跟老師說話有時可能聽不懂。但是老師說沒有關係，因為我比其他同學年紀大，思想很成熟，還很會打掃，所以他贊成我當班長。我有盡到收作業、管秩序、鎖教室門窗這些班長的職務，也跟老師變得很熟。因為爸媽都出外工作，我覺得自己應該幫忙做家事，家裡經濟狀況也不好，我不想浪費時間和金錢，所以放學後都不跟其他同學出去玩或買零食吃。我國中畢業時，因為家境變得更困難，打算高中畢業就直接去工作，而選擇就讀職業學校。如果讀高中文組，每天都要自習到晚上十點，這樣會沒辦法幫忙做家事。我現在的目標是念大學的護理系，正在找有外國學生特別入學方案的學校。成為護理師是我從小的夢想，在緬甸的大舅媽是醫院的護理長，我覺得這個職業很酷，可以邊照顧別人邊賺錢。但是因為我家的情況無法持續繳大學學費，所以我也還在考慮要不要去念。我已經比其他人晚兩年讀高中了，也不想大學讀到一半還要休學工作，最後延畢。父母什麼對策都沒有就叫我去念大學，我們因此產生了不少衝突。雖然我是基督徒，但是只靠祈禱，學費是不會從天上掉下來的。

移民孩童／青少年身為韓國人理應可以夢想未來，但由於他們是社會中的少數，而必須調整自己對未來的期望

尼莎希望進大學就讀護理系的夢想一直被延後，現在仍然還在工作賺錢。像她這樣有居留資格的移民青年，有些會得到民族社群的支援，或是得到韓國人的贊助而獲得獎學金，創造了少數成功的故事。然而，有些沒有身分的青少年，在高中畢業後就處於無法上大學、也不能就業的社會真空狀態。

珍妮是一名剛過「受保護年紀」的二十歲孟加拉女性，高中畢業時，她感到非常沮喪——她在韓國生活了十四年，卻因為是無證移民，即使讀完了高中，學歷也沒有辦法得到認證，因而沒有參加大學考試的資格，失去了念大學的機會。像珍妮這樣的移民子女幾乎無法期待能脫離移民社區或貧民區，就連在主流社會成為上班族的希望都很渺茫。因此，他們調整了自己的希望，在父母上班的工廠或是以移民為主的餐廳和商店工作。

韓國社會鮮少從「孩童的角度」出發，在相互理解的基礎上盡力建立公平的關係，移民孩童／青年仍然有夢想，但因為碰到現實的高牆，只好調整自己的期望。移民父母克服種種困難，只把希望放在子女身上，最後卻面臨相當大的挫折，被排除在社會之外的移民，他們的身分地位又複製給了下一代。韓國社會需要對在韓國出生或成長的第二代移民展現更多的關心及責任感，而移民孩童／青年在「充滿希望的韓國」究竟能夠擁有什麼樣的夢想呢？

第三章

超越民族國家，邁向市民權

◆什麼是多元文化主義？

他就跟你一樣

他雖然有個越南母親，
但這孩子和其他人一樣是韓國人。
沒有泡菜就吃不下飯，也尊重世宗大王，
並且認為獨島是韓國人的土地。
看足球比賽的時候，大聲喊著大韓民國。
超過二十歲時，會去軍隊服役，
也會納稅跟投票，就跟你一樣。
讓我們的社會增添更多幸福，
本標語與○○集團一同前行。

這是一個由金融集團贊助的公益廣告，廣告中，一名小學男童在班上所有同學面前，拿著一幅獨島上插著韓國國旗的圖畫。這個廣告呼籲所有人更積極地看待多元文化家庭孩童的未來，並承諾國際婚姻家庭的孩子將以韓國人的身分，完美地履行作為韓國公民的義務，透過熱愛足球國家隊、履行軍事義務及誠實納稅的方式來實踐韓國人的身分。但為什麼這個出自韓國人善意的公益廣告卻令許多人感到不舒服？事實上，我本人就不具有這個廣告中傳達的「跟你一樣」的所有特質。許多韓國人並不具備廣告上對韓國人的想像，就算同樣是韓國人，也會因為成長背景、階級、性別和對世界的看法不同而有所差異，不會因為血統和國籍就盲目地對所有「韓國事物」感到驕傲。同樣的，這個孩子會受到越南母親的影響，也會在多元文化家庭成長的過程中，經歷到期待與不安，並受到教育和媒體的影響，最後創造出新的身分認同。

韓國社會長期以來一直信奉單一文化主義。地域意識型態、純血統和單一語言主義這三個原則，奠定了韓國人單一民族認同的基礎，且普遍認為這樣的認同性導致韓國人的團結以及經濟快速成長和社會變革。韓國社會中的「無差異」意味著不會有社會衝突，因此政治領導人故意強調單一民族主義的神話。[1]在這種背景下，韓國躋身全球經濟強國與韓流的擴散，為韓國人帶來了新的幻想和民族自豪感，認為韓國成為了「世界的中心」。

베트남 엄마를 두었지만
당신처럼 이 아이는 한국인 입니다

越南母親所擁有的母性社會文化也應該要成為孩子成長的資源

二〇〇六年四月，韓國政府宣布邁進「多民族、多元文化社會」。從那之後，在政府、企業、媒體、公民社會和學術界等所有的領域裡，多元文化主義、多元文化社會、多元文化家庭和多元文化兒童成為最受歡迎的關鍵字。事實上，「多元文化主義」這個詞已經成為一種新穎且強大的統治意識型態，取代了原先的「單一文化」意識型態。

乍看之下，「多元文化理論」似乎鼓勵與相異的他者交流，並遠離狹隘的自我中心文化。基於這一點，多元文化理論提倡從單一民族國家擴展成「全球多元文化國家」。但這裡所想像的「他者」究竟是哪些人呢?他可能是一名需要韓國援助的遙遠國家的孩子，或是講英語且擁有資本的白人。近來的多元文化理論究竟如何建構了韓國先住民與移民之間的關係?韓國社會要如何倡導尊重其他文化和擁護少數者人權的多元文化主義哲學？透過與移民的交流，將如何改變以血液、領土和語言為基礎建立的韓國人認同？在本章中，我想提出這些問題跟讀者一同來思考。

開放的多元文化主義

多元文化主義不僅指「文化多元主義」的政治和意識型態立場，也指政府實施的政策、統合國民的意識型態或社會運動的目標。[2]多元文化主義表達了基於平等的社會融合政治願景，每個國家採用的多元文化政策反映了該國的歷史經驗和價值觀，因此，多元文化政策在特定的歷史脈絡下，具有特殊的目的和利害關係。為了理解韓國多元文化理論的本質，有必要研究產生這種理論的社會背景，以及這樣的理論如何為移民帶來新的可能性和

1 金賢美，〈誰才是百分之百的韓國人〉，移民女性人權論壇，《我們都是陌生人：為了共存的多元文化》，五月春出版社，二〇一三年，頁二〇。

2 文景熙，〈透過國際婚姻女性看多元文化主義與韓國的多元文化現象〉，《二十一世紀政治學會報》一六（三），二〇〇六年，頁六八。

不安定性。

由於對多元文化主義的關注，韓國近年來針對歐洲、美國、加拿大和澳大利亞等已經採用多元文化主義的國家案例進行了大量研究。然而，韓國社會的背景與這些國家的歷史背景大不相同。這些國家對於多元文化主義的討論，是建立在解決殖民主義時期被強制動員的被殖民者定居問題，以及後殖民主義意識的擴散，且跟一九六〇年代以來為了解決勞動力不足而接受外國人移民的漫長歷史有關。移民通常生活在民族聚居地（ethnic enclave），這樣的民族社群並未融入主流社會，卻保護了少數民族的生存。由於移民歷史悠久，移民聚居地保留了民族文化，並在主流社會裡擁有社會發言權，能夠確保「少數者的權利」。在西方，多元文化主義政策的產生是來自定居移民對權利的要求，以及國家對於管理各種人種與族群的需求。另一方面，隨著移民人數的增加和人權意識的擴張，許多人意識到，自由主義國家所標榜的平等理想僅僅是白人主流社會的幻想。一九六〇年代民權運動的結果，造成國家不得不在政治上干預，消除對種族、性別和階級的歧視，並公平管理及對待移民。多元文化政策的移民社會融合，「並非一次性的過程，而是艱苦耗時的必經歷程，甚至要經過幾個世代才能達成」，包含為移民提供雙語服務以促進社會融合，並檢驗主流社會的規則與象徵是否造成對移民不利的狀況等。[3]

還有一點不能夠忽略的，就是韓國還未成為接受移民的國家。事實上，過去三十年來，許多移民一直在韓國居留，韓國政府為了確保勞動力，引進移民到生產領域，以及家庭管理和看護等再生產相關領域，但卻從未針對移工提出多元文化包容政策，或分配預算在創造多元文化工作環境上。具有不同國籍和文化的朝鮮族移工人數劇增，但由於他們和韓國人是同一民族，也能夠理解韓語，政府並未為了這群人的文化融合付出努力。真正刺激多元文化主義的原因是第一批定居型移民，也就是婚姻移民女性的增加。她們生下了韓國人的孩子、成為韓國家庭的一員，並被允許成為韓國的國民。特別是二〇〇〇年代以後，越南和柬埔寨等東南亞女性與韓國男子之間的國際婚姻增加，政府開始擔心家庭中的文化交融，關心起這些家庭的貧困問題，並將國際婚姻的家庭命名為「多元文化家庭」。二〇〇七年，官方頒布了《在韓外國人待遇基本法》，二〇〇八年則頒布了《多元文化家庭支援法》，依據該法建立了多元文化家庭支援中心，二〇一七年增加到兩百一十七處，其中一部分同時作為家庭統合中心。

3 威爾．金里卡（Will Kymlicka）著，張東進等譯，《當代政治哲學導論》，dms book 出版社，二〇〇八年，頁四九〇。

韓國的多元文化理論跟多元文化家庭的支援政策沒有區隔開來，而被混合在一起使用。其實，多元文化理論的出現與移民者的運動有密切的關係。韓國社會的「多元文化主義」一詞是由支持市民社會和移工的NGO組織帶進來的。移工積極爭取人權和勞工權利，但由於韓國社會的種族歧視，這一運動並未對整個社會造成影響。更重要的是，應該主導運動的移民由於滯留資格等法律地位的限制，無法推動大範圍的文化鬥爭。少數者支援團體和市民社會開始使用多元文化主義一詞時，並非用在認同文化間的差異與尊重文化多元性，而是當作抵抗韓國人對外國人的歧視、暴力和厭惡的一種概念。[4]基於單一民族所建立的民族國家主義，造成了種族、性別和階級歧視等各種暴力，並嚴重侵犯了移工、混血人士和婚姻移民的人權。此時，多元文化主義或多元文化理論是為了要求韓國先住民反省和省察。然而，由於多元文化理論被國家借用，在沒有哲學性實體的情況下廣泛流通，最後被狹義地歸結為針對定居型移民，也就是婚姻移民和多元文化家庭的理論。威爾・金里卡指出多元文化主義應該是一種開放的內容。國家實現多元文化主義的政策和目標非常多樣化，有時導致的結果與多元文化主義的理想相距甚遠。[5]以韓國的情況來說，多元文化理論一開始被移民運動團體提出，之後被政府所借用，最後成為管理婚姻移民及其家庭、增進其福祉的統治理論。儘管如此，多元文化理論仍然是一個備受爭議的領域，可能因為國家、市民社會和移民的參與而改變其意義和發展。

婚姻的國度——韓國多元文化理論的同化意識型態

自一九九〇年代中期以來，「家庭再生產危機」和「低生育率」已成為韓國社會的重要課題。韓國的家庭政策偏重在找出出生率持續低靡的原因，分析其對社會經濟的影響並訂定對策。[6]然而，因為對婦女經濟貢獻的期望越來越高，政府獎勵中產階級的生育激勵政策沒有什麼成效，中產階級早已了解同時擁有自己的家以及撫養、教育孩子所需的經濟成本和損失。韓國政府了解到在人口政策上，不能僅僅通過「韓民族家庭」來解決人口危機，遂漸漸關注婚姻移民的問題。一九九〇年代以來，韓國人和朝鮮族之間的國際婚姻持

4 金賢美，〈移民與多元文化主義〉，《現代社會與文化》二六，二〇〇八年，頁六四。
5 Will Kymlicka, *Multicultural Citizenship*, Oxford: Clarendon Press, 2005.
6 黃貞美，〈低生育率和韓國母性的性別政治〉，《韓國女性學》二一（三），二〇〇五年，頁一〇五。

續增加，但韓國政府對此漠不關心，也沒有任何針對婚姻移民女性的政策。政府開始認真干涉婚姻移民女性的原因，是發現到透過這些人可以解決目前社會面臨的低生育和高齡化危機。事實上，針對婚姻移民的支援政策基本架構，是由低生育高齡化社會委員會所訂定，因此韓國的移民政策具備濃厚的人口管理政策色彩。[7]

由於家庭被視為維護和繁衍民族國家的重要場所，當它轉變為跨國性和文化混合的空間時，便難以期待能夠實現單一民族家庭的文化再生產功能。家庭中的文化混合被視為潛在的不安和威脅，而不是理想或不可避免的事實。對文化混合的不安和恐懼，導致韓國多元文化家庭政策的重點，集中在短時間內將移民女性同化到韓國文化之中。因此，多元文化家庭的支援政策偏重在為婚姻移民提供韓語、韓國禮儀、與生育和養育有關的教育和諮詢，以及支援多元文化家庭子女的養育費用。此外，有百分之八十九的婚姻移民來自亞洲經濟發展國家的女性，因此性別意識型態強烈地反映在多元文化家庭政策中。

由於移民女性是文化少數群體，她們很可能受到主流文化的強烈吸引和控制。韓國媒體開始創造理想的「婚姻移民女性」，比起描繪婚姻移民女性與其家庭的現實生活，更常播出的是韓國社會「期望看到」的婚姻移民女性生活。出現在大眾媒體上的婚姻移民女性經常「表演」出已經難以看見的「韓國傳統」，她們時常被描繪成以微笑和奉獻精神照顧病人和看護老人家，實踐連現代韓國人都很難做到的美德，有時也會播出她們自己在社會經濟地位不穩定的狀況下，因為擔心故鄉生活不富裕的父母親而流下淚水的一面。這樣的內容似乎是要突顯婚姻移民女性的正面形象，但並未呈現她們的實際生活，而是創造了韓國社會希望看到的婚姻移民女性形象，呈現出她們快速地韓國化，以及在韓國努力工作、克服困難和貧困的樂觀想像。這樣的內容絲毫未提及婚姻移民女性在移民的過程中所面臨的仲介剝削、丈夫的家庭暴力、居留問題、離婚和遣返等結構性的困境。

一位婚姻移民女性說道，《愛在亞洲》*這樣的電視節目把「我們的生活描寫得過度偏向某一邊」。另一方面，將韓國人的欲望和權力內化的婆家和丈夫，認為出現在這些節目中的女性善良且願意犧牲，而自己的媳婦卻自我意識過強又自私。大眾媒體強調婚姻移民女性學習韓語和韓國文化的過程，卻沒有呈現出她們周邊的韓國人如何與其交流並產生變化，這意味著婚姻移民女性沒有方法表達出自己複雜的經歷與想法。韓國多元文化主義

---

7 金希貞，〈韓國的官方主導型多元文化主義〉，吳景碩等編，《韓國的多元文化主義》，Hanul 出版社，二〇〇七年，頁六七。

* 編按：《愛在亞洲》（*Love in Asia*）是以外籍配偶為主角的韓國紀實節目，以充滿溫情的橋段賺人熱淚。

當婚姻移民女性認為能夠適應韓國社會時，表示她們開始擁有維持自我文化認同、同時習得新文化的成長意識。圖為仁川阿依達村裡移民女性表演時的樣子

的同化意識型態，將移民的原始文化身分視為「應該消失」的東西，或為了適應韓國生活「應該放棄」的東西。女性所帶來的語言和文化被認為是為了定居應該捨棄的東西，那並非自尊心的來源，而是擔心與不安的根源。然而實際上，在移民移住的地區，最正面的自我形象就是當移民保持自我文化身分的同時，學習新文化並產生擴大的自我認同意識。[8]在確認自己的存在價值時，民族和文化認同是不可或缺的。在多元文化社會的整合模式中，最重要的是保存包括語言在內的文化，這也是一種「權利」。如果具有不同文化身分的人受到歧視，身分沒有得到社會認同，那麼即使他們獲得了國籍，也無法行使公民權中的政治權、勞動權和社會權。

事實上，國際婚姻的主要對象國中國、越南、菲律賓、柬埔寨和蒙古的女性，具有強烈的性別平等意識和高勞動參與率，而韓國社會常錯誤地認為這些婚姻移民女性是順從的傳統婦女。婚姻移民女性擁有多樣化的背景和學歷，且深知無論是從事專業工作還是簡單勞動，都是社會參與的必要條件。然而，韓國社會並不期待婚姻移民女性多樣化的能力和社會角色，只關心她們來到韓國定居後，在家庭裡實踐韓國典型主婦的角色。即使身為婚姻移民，家庭也並非她們存在的唯一目的。

婚姻移民女性被認為是解決韓國人口和家庭危機的對象，被期待在生育和維續家庭等再生產領域中發揮功用。因此，針對婚姻移民女性的法律和政策的社會想像力，是以男性為家庭生計負責人的型態為基礎，難以脫離傳統的家庭觀念和對女性的看法。事實上，多元文化家庭政策的基礎，是管控婚姻移民女性帶進韓國家庭的文化混合與文化差異，並將其納入韓國的傳統父權家庭中，因此，韓國政府的婚姻移民女性政策的特點和社會整合模

8 Henri Tajfel, *Human Groups and Social Categories*, Cambridge University Press, 1981.；轉引自魯忠萊、洪貞珠，〈移工子女的韓國社會適應實態研究：以首爾京畿道地區蒙古移工的子女為中心〉，《韓國兒童福祉學》二一，二〇〇六年，頁一三五。

式，可以定義為「父權家庭式的福利模式」（patriarchal family-oriented welfare model）。這種模式的性別意識型態將男性視為生計負責人，並將婚姻移民女性視為再生產勞動的替代性人力。其對婚姻移民女性的多重角色和實踐漠不關心，只是將其置於家庭構成、維持和再生產的框架之下，提供必要的相關社會服務。而表面上看來是為婚姻移民女性提供的社會服務，實際上卻包含了維持其所屬的「韓國家庭」的目的。

婚姻移民女性政策是基於父系血統主義的國民概念所產生的，這樣的政策並未脫離自民族中心主義統治模式的框架。只將快速同化移民當作目標，而不考慮多元文化家庭中的差異、階級和文化自尊，先入為主地將整個多元文化家庭視為弱勢階層和社會邊緣，這無非是一種文化性的暴力。多元文化家庭中，特別是移民的家庭成員，被當作政府福利計畫的目標，也常被企業當作回饋社會的對象，但因為沒有一個地方能讓他們與先住民進行社會、心理和文化的交流，因此最近社會上甚至還出現了仇外的現象。

從底層開始的多元文化主義[9]

史蒂芬．卡斯特勒斯跟阿拉斯泰爾．戴維森兩人將亞太地區國家的文化與歐洲國家比較後，發現其中一個不同的特徵是，在亞太地區家庭代替國家擔負了社會福利的任務。[10]而韓國社會也繼承了亞太地區國家的典型模式。在單一民族國家的基礎上，國家鼓勵血緣家族的擴大，這種觀點發展為將公民身分歸屬於特定領土的概念。在這種情況下，人們會對屬於其他領土的移民產生強烈的排斥，並認為生活在同一領土內的人在文化上也應該具備同質性。海外移住的行為因為社會、政治、經濟和文化種種因素而不停發生，韓國人也因為個人的利害關係，而大規模移民到其他國家，家庭和個人透過「去領土化戰略」積極參與在社會經濟方面階級向上流動的競爭。近年來出現許多韓國人移居國外後，從短暫居留的身分到最後進入主流社會的成功案例，韓國社會將他們當作「令人自豪的全球化韓國人」，並採取「再領土化」的策略，將這些在外同胞當作韓民族的一部分。

若用相同的邏輯來看韓國的移民，現有的多元文化政策，對象只限定在具有確實的

---

9 這部分參考金賢美，〈移民與多元文化主義〉，《現代社會與文化》二六，二〇〇八年，頁七三～七四的內容。

10 Stephen Castles, Alastair Davidson, *Citizenship and Migration: Globalization and the Politics of Belonging*, London and New York: Routledge, 2000, p.196.

「法律地位」且有社會融合需求的婚姻移民。對於其他移民來說，社會已經獲得了必要的勞動力，政府的政策不願支付這些人融入社會所需的費用。然而，正如韓建秀指出，「由主流韓國人策劃，選擇性地挑選移民，並明確分配其角色和地位」，與其說是為多元文化社會賦予動力，不如說造成更多的衝突與分裂。[11]韓國社會該做的是，無論法律地位如何，各種移民都應該要能夠在韓國實踐自我的跨國策略並為社會帶來變化。

麥克．史密斯和路易斯．瓜尼佐所使用的「從底層開始的跨國主義」（transnationalism from below）概念，強調必須關注包括非法移民在內的非菁英人士跨國流動所造成的社會變化。[12]「從上層開始的跨國主義」（transnationalism from above）在結構上推動了全球金融經濟的同質性標準化，但從反方向發起的跨國主義正在以更加具體和積極的方式改變社會。「從底層開始的跨國主義」是移民透過匯款、通信、電話、邀請親人、衛星電視、參與共同體活動等，與母國維持緊密關係的同時，在定居國重新定義自我的認同性，並履行隨之變化的權力行為。將此概念擴大來看，「從底層開始的跨國主義」意味著，移民將同時透過母國和移住國的文化來創造移民的文化景觀。必須了解移民擁有不同的國籍、宗教、性別和生活方式，他們在生活的世界中做了什麼、他們的想法，以及他們如何與韓國人互動並影響韓國人，只有如此才能找出與移民共存與妥協的方式。為了達到這一理解的過程，移民應該要獲得能夠表達自我的「文化權利」，而韓國人則應該意識到自我在文化上的偏頗，避免草率地評價移民。最後，韓國移民的社會融合不是基於與韓國文化的接近程度，而是賦予他們所創造出的各種網絡和社會關係意義，並將其視為主流文化的一部分，進行社會融合。日常生活中的變化都是由世界上微小的變化積累而成，而不是一夜之間由政府或政治領導人製造而成的。

以新自由主義經濟體制為基礎的韓國社會，其「國家競爭力」的強化不該透過狹隘的同化主義或盲目的全球化物質主義，而該透過擴大移民所創造的文化資源來實現。居留在韓國的移民會從衣食住行到勞資關係、商品和服務以及審美價值，發現母國與韓國的不同之處，並迅速地成為介紹、搬運和移植這些差異的文化中介者。移民試圖在創造物質／非物質跨國流動的同時最大化自己的利益，也將「韓國的事物」傳播到他們的家鄉，又將「家鄉的事物」搬移到韓國。當然，由於移民的作法是「從底層開始」，因此不應無條件

11 韓建秀，〈韓國多元文化社會的轉型與移住勞工〉，《哲學與現實》九一，二〇一一年，頁二九。

12 Michael P. Smith, Luis E. Guarnizo, *Transnationalism from Below*, Transaction Publishers, 1998, pp.3-5.

地給予正面的評價。正如麥克．史密斯和路易斯．瓜尼佐所指出的那樣，這些人的實踐或行使權力的對象是比自己更卑微的人，但並不總是以民主或自由的方式，有時並不會產生財富的重新分配。但為了具體實施多元文化政策，首先必須掌握從未被理解且未獲得社會認可的移民生活方式，和自助共同體的力量。透過這一點，可以發現來自不同國家移民之間相互開放的交流，正將韓國社會轉變為一個豐富且具創意的地方。

正如前面提到的，韓國和越南的國際婚姻家庭成員正試圖通過相互訪問和持續交流，確保因新自由主義經濟體制而陷入危機的雙方家庭的生存和穩定。越南女性希望的不是單方面的同化，只有在本國與韓國創造的新家庭之間能夠產生文化、經濟和社會性的連結時，她們才會產生對韓國社會的心理歸屬感。同樣的，當移民與韓國社會融為一體時，反倒實現了他們本來的移民目的，也解決了兩國社會再生產領域的危機。「從底層開始的多元文化主義」讓韓國人從生活中，也就是瑣碎的日常生活裡意識到結構性的問題。擁有菲律賓妻子的朴俊奎製作了一個「多元文化日曆」，對菲律賓妻子來說重要的日子——岳父、岳母和太太的兄弟姊妹的生日，以及菲律賓的國家紀念日——都寫在韓國的月曆上，也擴大了家族紀念日的概念。娶越南女子為妻的宋光宇參與了國際婚姻丈夫的自組活動後，批評出入境管理局的複雜韓語文件和程序，以及他們對於外國人輕視和不屑的態度，並建議允許婚姻移民女性擁有雙重國籍。朝鮮族移工打破了故鄉、家庭、民族和國家這些概念的原始界線，透過跨國的移民網絡，將南北韓、中國和全世界連結在一起。家具工廠園區中的無證移工會規劃各種文化活動，並創造共同體來減低生活中的不安。

若只將移民視為廉價工資的勞動力，就會忽略人類生存的最基本問題，例如他們的日常生活為何？如何過日子？如何克服孤單和孤立的感受？若是用工具的角度來看待移民，他們就不再是一個人，而是像「物品」一樣。我們習慣於從國家的角度來看移民，也就是用資本的利害關係來看待他們，但是，若將移民視為生活在同一時代的人們，就會了解未來要如何與他們接觸。這就是所謂的「從底層開始的多元文化主義」視角。

相互影響與社會融合

移民的社會融合是一個非常難以界定或解釋的概念，但這通常意味著移民積極參與或吸收主流文化，以減少社會排斥和內心不安等情況。確實，多元文化理論給習慣純血統主義的韓國人提供了機會，去思考如何與不同種族、不同語言的人共同生活。然而，韓國的多元文化理論對移民造成影響，是以韓國先住民與移民之間的分化和階級制度為前提，將他們融入主流文化，也就是同化到韓國的文化與習俗中，或是乾脆將他們排除在社會融合的對象之外。這種模式將所有的負擔強加在移民身上，是一種不容納文化差異的模式。在這種情況下，連那些對移民女性或移工懷有善意的韓國人，也會從社會邊緣或犧牲者的角色來看待他們，要建立互相影響的平等關係就會非常困難。

因此，真正的融合概念，是承認先住民也會通過與移民的互動受到影響，就像移民在移住的過程中受到主流文化的影響一樣。[13]關注在這個過程中被創造和發展出來的社會關係和文化型態，才是多元文化主義的模式。從這個角度來審視韓國社會時，不應該只有移民受到單方面影響並強迫自己適應，韓國人也會受到來自各國移民的影響，並盡量脫離韓國人狹隘的民族國家認同。多元文化社會的政治，是透過與韓國這一地區內多樣化且相異的人交流和共同生活，來重塑自我偏頗和固定的身分認同的過程。真正的多元文化政策是去了解移民和先住民在結構性方面（勞動市場、教育和培訓、住房、社會服務提供）和文化性方面（正式和非正式型態的文化參與、包容和交換）如何參與，並相互造成影響，當移民無法參與特定領域時，試圖分析原因並對此制定方案與政策。

如果將移民的社會融合，理解為將其同化或融入主流文化，並以此為目標來規劃政策，就無法引導移民進行真正的社會參與。以補助低收入戶政策為代表的移民融合政策，實際上讓移民成為低水準福利待遇的受益者，反而導致持續的失業狀況。政府強調的「善意」將移民視為社會的邊緣人並以此規劃政策，導致移民的社會參與方式和範圍受到限制。從這方面來看，多元文化家庭被認定為「弱勢群體」，並經常受邀參加政治人物的各種慈善活動，或是成為當地社區志工服務的對象，當他們被認定為需要幫助的對象時，也產生了「社會的烙印」。多元文化家庭的孩子被稱作「多元文化兒童」或「多元文化青少年」，一生都要在多元文化的壓力下過活，因此，「多元文化」的特定名稱其實限制了婚姻移民女性和移民子女的自由，造成了歧視。

在經濟和文化地位上升的「全球化的韓國」，值得去思考移民是否扮演了社會裡第三世界的角色。有學者批評多元文化家庭和各種移民的存在，並未促進多元文化現象或多元文化主義，而是被用來構成韓國社會內部的種族和階級的位階，就像是「第一世界中的第三世界一樣」。[14]

---

13 Patrick Ireland, *Becoming Europe: Immigration, Integration, and the Welfare State*, Pitts-burgh: University of Pittsburgh Press, 2004, pp.15-18; Ruth Lister, et al., *Gendering Citizenship in Western Europe*, Bristol: The Policy Press, 2007.

14 韓俊希，《以世界體系的角度來看國際婚姻的階級性空間結構》，高麗大學社會學系碩士論文，二〇〇九年，頁四四。

儘管「多元文化社會」這個詞已經過度氾濫，但韓國社會仍不是一個多元文化的國家，其政策並沒有致力於改善法律和文化方面對移民的歧視。相反的，韓國社會傾向於將具有不同文化背景和願望的移民同質化，並永久當作社會裡的少數群體。

沒有具體的多元文化政策或制度的支持，就無法實現相互認同和尊重的多元文化理想。從「誰才是韓國國民？公民的權利為何？」到「應該向孩童提供什麼樣的教育？」，多元文化主義政策是一個整體且全面性的問題。多元文化主義政策要求徹底轉變思想，解決日常生活、勞動、政治、教育、文化和媒體等所有領域中出現的歧視和偏見。急躁與流於宣言的多元文化主義，因為內容空洞而無法得到韓國公民和韓國國內移民的支持，故必須先理解婚姻移民和移工的管理政策和多元文化主義的限制，基於全球公民身分的概念，提出跟移民相關的社會融合願景。

移民的權利為何也是「我們」的問題？

是誰在利用移民問題？

當我在龍仁工作時，韓國勞工每人要檢查兩千個晶片，但自從菲律賓工人來了之後，已經增加到四千個。現在，他們必須與移工競爭，並被迫完成移工能做的分量。韓國勞工以為在移工身上發生的事跟他們無關，但其實他們也受到了工作環境惡化的影響。如果還放心地以為別人所經歷的壓迫不會直接影響到自己而袖手旁觀，那麼你需要回頭看一看。無論如何，那些事最終都會以某種方式影響到你的生活。[15]

從菲律賓來的前移民工會主席米歇爾（真名）強調，移工運動不僅保障了移民的勞動權，其實最終也捍衛了所有工人的權利。米歇爾於二〇〇六年一月透過僱用許可制來到蔚山的一家汽車配件廠工作，之後轉到龍仁的一家電子零件工廠，這裡要求移工付出比韓國人多一倍的勞動量。韓國人每十五秒檢查一個晶片，一天檢查兩千個，但是移工每天工作十二個小時，每三秒檢查一個晶片，一天要檢查四千個。韓國人對於移工的狀況一直袖手旁觀，最終也被老闆強迫做相同分量的工作。米歇爾於二〇〇九年當選為移民工會主席後，組織了各種運動，旨在「反對關於性別、宗教、國籍的歧視，並抵抗歧視的社會結構」。然而，韓國政府對工會活動表示不滿，認為米歇爾主席並未實際工作，而以編造不實的理由申請更換工作場所為藉口，取消了他的簽證並命令他出境。二〇一二年，米歇爾在向韓國政府提起訴訟的過程中，短暫離開了韓國，回到菲律賓照顧生病的奶奶一段時間。之後，他在韓國機場被拒絕入境，而無法再次回到韓國。

米歇爾的故事拋出了這樣的疑問：「移民在韓國社會到底是什麼樣的存在？」為什麼韓國社會需要移民運動？誰會從這項運動中獲益？這項運動最終不只強化移民，也會強化先住民的民主主義涵養，然而，移民的付出和貢獻仍然被用「廉價勞動力」這樣的工具性觀點來評估，而移民仍被定義為「對國家利益的潛在威脅」。國家與資本將經濟危機和高失業率歸咎在移民身上，助長了仇外的風氣，或將移民歸類為「非法移民」，使他們的人權被剝削，這是相當常見的情況。為什麼先住民與移民、國民和非國民難以共同參與民主主義的政治規劃，並擴大公民權的身分？為什麼將移民當作平等的對象相互交流，而不從優越的地位施捨恩惠會如此困難？本節想要探討「移民的時代」之後，逐漸加速的移民「政治化」現象。

移民政治化是指在新自由主義經濟秩序下，國民把對經濟和社會垮台的不滿與焦慮轉移到本國當中其他的外國人身上，使得移民問題成為政治性的問題。雖然跨國資本繼續呈現成長趨勢，但因為新自由主義造成的「社會退步」，導致大多數人經歷了貧困和長期的焦慮，也使得移民的生活更加惡化。保守派右翼掌權，助長了國民的「反移民情緒」，也加速了移民的政治化。在還沒有管理標準的情況下，將移民問題「政治化」是最簡單的策略。在歐洲和北美激增的反移民與反穆斯林情緒，以及多元文化政策終結的宣告，就是試圖將移民問題政治化，引起複雜的社會經濟衝突。在韓國，反移民情緒已經蔓延，但與移民共存是構成民主主義的基本要素，我將試圖深入探討相關的觀點。

---

15 張瑞妍，〈移工米歇爾的故事〉，移民女性人權論壇，《我們都是陌生人：為了共存的多元文化》，五月春出版社，二〇一三年，頁一四一。

歐洲的要塞化策略與政治退步

蘇丹出身的難民申請人拉提夫・阿爾哈默德（真名）在二〇一三年七月來到韓國。他在穆斯林國家蘇丹皈依了基督教，身為宗教少數人士，他拒絕在改信宗教的文件上簽名，因此受到威脅而踏上了亡命的旅程。非洲的難民申請人主要的目的國仍然是歐洲，他卻來到了「完全陌生」的韓國。非洲的移民主要遷移到英國、法國和德國等西歐國家，但自一九九〇年以來，歐洲國家轉變為反難民和反移民政策，嚴格限制了移民入境。全球企業的資源掠奪與環境破壞產生大量的移民，過去歐洲帝國主義的殖民統治和跨國資本的湧入，導致第三世界的種族衝突和軍事獨裁，這些情形所造成的災害都轉嫁到個人的身上。歐洲國家正慢慢地撤銷對過去所產生的大量移民和難民進行補償的人道主義觀點，九一一事件後，反伊斯蘭情緒更加劇了歐洲人對伊斯蘭移民的敵意。

另一群「不受歡迎」的移民是來自東歐的經濟移民。一九九〇年代以後，隨著東歐社會主義的崩潰和冷戰結束，全世界因新自由主義經濟意識型態而整合成為一個單一市場，傳統社會主義國家的公民經歷了市場經濟的突然轉換，試圖透過移住勞動的方式來適應變化，並解決突如其來的危機。最近，來自東歐的移民不斷湧入西歐國家，反移民的情緒正逐漸蔓延，移民問題被當作政治和安全問題，而不是經濟問題，甚至經常通過媒體和政治

來自蘇丹的難民申請人拉提夫・阿爾哈默德每天用一個單字講述自己的生活。他的文字從 2013 年 12 月 16 日到 2014 年 2 月 16 日舉行了展覽

輿論公開直接地表達出對「不受歡迎移民」的敵意。

西歐國家為了打擊非洲和東歐移民，採取了「要塞化歐洲」的策略，透過封鎖邊界來阻止移民湧入。諷刺的是，二〇〇三年歐盟成立後，歐洲人獲得自由跨越國界工作的權利，但仍藉由設立障礙來「封鎖」移民。「要塞化策略」是從傳統的定居移民制度與人道主義，轉向主張「移民管理」是國家經濟、政治和安全領域的政策目標。以福利政策和社會民主主義聞名的歐洲，由於新自由主義經濟秩序的擴散和右翼政黨的宣傳，而開始促進反移民政策。歐洲經濟成長減緩和失業率居高不下，助長了右翼政客傳布「移民等於竊取福利者」的想法，不談實質性和長期性的改善生活方案，反而煽動人們的感情，造成敵對性的政治。

歐洲公民團體 UNITED 的活動海報，反對種族歧視和反移民政策

要塞化策略的最大受害者就是移民。一九九三年後歐洲進入「要塞化」，在鎮壓和驅逐過程中死亡的移民達到一萬七千三百零六人，[16]這項策略也影響了已經在歐洲定居的移民。住在法國的馬格里布移民二代在公共機關縱火的事件，是因為年輕移民被排除在工作和基本生活之外的不滿爆發所導致。然而，媒體報導的方式只強調移民的「潛在威脅」和「發生暴動的可能性」，並未探討與追問這起事件發生的根源。在放棄追究前因後果的社會氛圍下，移民被認為是造成社會、經濟和安全不穩定的原因，利用移民無法採取積極行動的弱勢地位，針對他們的攻擊和批評於是變得更加激烈。

歐洲要塞化策略削弱了其由背景多元化的

公民所創造的民主、人權和公民身分的概念，反而帶來了種族仇恨、歐洲內部的階級制度以及政治的倒退，這種變化的受害者不僅只有移民，也包含了所有歐洲的公民。歐洲人實現歐洲社會民主主義的自豪，因為反移民政策造成的勞動權利剝奪和敵對性政治而毀損。這麼一來，到底誰才是要塞化策略的受益者呢？

反移民政策與「善意旁觀」的矛盾[17]

要塞化的形式自一九九〇年代以後在歐洲蔓延，美國也隨之推行反移民政策，問題是，在這些強烈推動封鎖邊境的國家，「非法」移民的人數卻持續增加。來自墨西哥的無證移工菲利普．馬丁主張，無證移工激增是因為美國政府「善意旁觀」的政策所導致。[18]

16 引用自歐洲的公民團體 UNITED 的報告書（www.unitedagainstracism.org）。
17 此部分引用金賢美，〈跨越國界的勞工與移民通行稅〉，《親密的敵人》，ewho book 出版社，二〇一〇年，頁八七～九〇的部分內容。
18 Philip L. Martin, *Promises to Keep: Collective Bargaining in California Agriculture*, Iowa State Press, 1996.

自 1990 年代以來，歐洲實施了「要塞化策略」的反移民政策。圖為英國牛津坎珀斯菲爾德（Campsfield）移民拘留中心鐵絲網上的反對布條

英國移民人權組織正在牛津坎珀斯菲爾德移民拘留中心進行示威，主張釋放被拘留的移民並關閉拘留中心

雖然實施了嚴格的邊境管制和反移民政策，但美國政府考慮到美國雇主需要透過廉價工資來提高企業競爭力，因而默許無證移工湧入。在競爭激烈的新自由主義市場體系中，雇主需要一支「靈活」的勞動隊伍，能適應較低的工資和較差的工作條件。出於這個原因，限制性的移民政策反而產生了大量的無證移工，他們因為「非法」或「無證」的身分而無法主張勞工該有的權利。結果，雖然在政治上採納了反移民政策，卻放任無證移工暗中進入，形成了這種對雇主有利的雙重戰略。

一九九〇年代中期，美國的無證移工數量估計有四百萬至五百萬人，這是美國歷史上最高的數字。大衛．哈維認為，自一九八〇年代中期以來，西方和亞洲經濟強國的早期工業化形式中，工作環境惡劣的小規模職場的普遍存在，就是第三世界無證移工流入與就業的結果。[19]所以現在資本不需要跨越國界，在本國內就可以透過下游廠商，用便宜的價格製造紡織品、服裝、玩具等。正如基姆．穆迪所指出，美國農業公司在大規模種植經濟作

19 大衛．哈維（David Harvey）著，具東會、朴永民譯，《後現代性狀況》，Hanul 出版社，一九九四年，頁一九〇～一九二。

物時，積極利用墨西哥非法移工，而不是僱用當地的墨西哥人或已登錄的墨西哥移民[20]，因為他們工作更認真，而且工資更便宜。如果以不願增加福利和社會融合成本為藉口，減少定居移民而產生大量的無證移民，移民與先住民都會被迫在更加惡劣的環境中工作。事實上，美國服裝產業聯盟（AAMA）尚未接受世界貿易組織所規定的勞工和環境標準。目前在美國，在這些領域工作的工人，都領著與在第三世界相同產業就業的工人差不多的廉價工資。

美國新自由主義改革成功的原因在於，妥善拿捏官方嚴格的移民限制與默認無證移工流入兩者之間的距離。換句話說，這依賴的是勞動力靈活性，對移民的人權和勞工權利的認識則採用落後的標準。一九九〇年代，隨著無證移工數量激增，美國政府以「社會不安」和「勞動力控制」為名義，制定了更嚴格的移民法。然而，如果沒有無證移工提供的低工資熟練勞動力，社會將無法持續運轉，所以最近也透過特赦制度讓一些無證移工的居留資格合法化。移工受到移民國不可預測的移民政策和種族主義的興起影響，一直生活在不安定的狀態下，由於「非法移民」的烙印，他們甚至無法對勞工權利問題提出質問。對相互矛盾的移民政策袖手旁觀，使得移民在難以預測的政治情況下成為受害者，這樣究竟誰能夠從中得利呢？

移民如何成為被管理的對象

新自由主義市場經濟將人類概念化為「人力資本」，並依賴著移民所提供的各種勞動力、投資和消費能力。由於這種依賴，在各國建立移民政策的過程中，各種利益關係成為了關鍵。基於什麼條件和目的而允許某些人居留，這樣的問題使移民政策變得更具選擇性，或是成為更廣泛與開放的政策。但是，許多國家的移民政策往往包含了方法論式民族主義。方法論式民族主義是指將民族國家當作最自然的社會和政治形式的觀點，意味著社會的分析和想像本身具有「地域化」和「本質化」的特點。[21]這種觀點只關注在管理和整合進入領土內的移民，並以工具性的角度來看待移民。韓國的移民政策和制度，忽視了移民在整個移民過程中所受到的不人道待遇，只在乎有效地利用和管理民族國家境內的移工

---

20 基姆．穆迪（Kim Moody）著，社會進步民主聯盟譯，《新自由主義與世界的勞工》，文化科學史出版社，一九九九年，頁二三二～二九四。

21 Andreas Wimmer, Glick Schiller, "Methodological nationalism and beyond: nation-state building, migration and the social sciences", *Global Networks*, 2.4, 2002, pp.301-334.

勞動力，這窄化了「融合」的含義，使「優良移民」的定義取決於是否攸關韓國人的利害，以及是否能促進國家和國民的利益，也因此，對韓國的就業許可制度或商業性婚姻仲介制度，是否造成邊境以外其他國家人民的人權侵害問題絲毫不放在心上。

近來，引進什麼樣的外來移民，成為國家提升競爭力的關鍵，每個國家都在爭奪擁有資本、教育、技能和專業知識的「全球化高級人才」。隨著新自由主義的概念被導入移民政策中，「專業性和經濟貢獻」已成為篩選移民的關鍵準則，每個國家都制定了篩選外國人的標準，藉以爭取「高級技術人才」來增強國家競爭力。篩選標準不僅包括技術能力，還包括個人的財產價值，只要投入大量資金，就可以輕鬆獲得韓國等反移民國家的永久居留身分。在韓國，「錢」是能夠確保永久居留許可的擔保品。由於這些高級人力資源不認為自己是外國移民，因此並不會同情其他移民，或參加反對歧視外國人的運動。這群人因為可以透過財富和技術輕鬆地跨越邊界，而被稱作「跨國資本家」。相較之下，提供「勞動力」的外國人只能滯留一段時間就得回國，如果停留時間超過限制，就會成為「罪犯」並受到懲罰。對他們來說，「國界」是定義和限制人格的一種權力。

國家的移民管理是將移民分類的行為，並根據這項分類給予他們不同的權利和義務，以便根據國家利益來調整與控制移民。移民管理的主要目的，是從內部將工具化的移民當作他者隔離，在移民之間創造了等級制度，也因此造成社會的不和諧。因為滯留資格的不同，移民在移住國家能夠行使的「權力」程度也隨之改變，例如已經獲得韓國國籍的婚姻移民女性，把家鄉來的女性移工視為「無能為力的存在」，並擔心她們長期居住後會成為「非法」工人。同樣的，與一名韓國女性結婚並獲得國籍的孟加拉男子，跟其他移工產生衝突時，就會質疑他們的滯留資格，甚至通知警察來實現自私的「正義」。移民習慣於通過比較和對照彼此的居留資格，來劃分之間的階級，正因如此，他們並沒有注意到移民的權利與一般國民相比有多麼受限和狹隘。移民管理造成了移民之間的階級差異，並加深了移民內部的「不平等」和「相對剝奪」，削弱移民運動團結的可能性。韓國的移民政策沒有系統性或連貫性，而是根據當時的情況和背景恣意推行，因此移民很難進行長期的生涯規劃。他們被分散和分割後，只會在乎最大化自身的利益，而不會為了改善移民的人權和勞動權而共同努力。那麼，究竟誰才是這種階級化移民管理的受益者呢？

移民的權利為何也是「我們」的問題？

近來，韓國的政治文化和政治環境迅速惡化，支持新自由主義的政治團體與他們的支持者結合起來，推動且放任針對移民和外國人的種族暴力。如同齊格蒙・包曼所指出，跟過去不住在領土上的地主一樣，政治家與資本家的勢力並沒有直接參與或了解人民的實際生活，他們透過「文化性洗腦」的支配體系，將人權、平等、民主與個人特質等普遍價值斥為微不足道的東西，[22]取而代之的是冷戰意識型態的恐懼，與對「全球化大韓民國」的期待。討論政治的「城市廣場」消失了，充滿暴力和憎惡的數位網路系統不停擴張，此時，沒有基本人權保障且貧困的移民就容易成為仇恨的對象。

新自由主義式的資本秩序具有不穩定性、不確定性和不安定的日常結構，將社會矛盾和危機留給個人去解決。必須依靠信任、奉獻、協商與協調等規則管理的公共交流領域，卻充斥著藝人的八卦消息和私領域的曝光與相互敵對，個人透過選擇逃避政治的義務，產生每個人都是受害者的自我憐憫。與此同時，「次元」和「性質」不同的不平等與反人權狀況變得相當普遍，而難以決定抗爭運動的優先順序。尋求社會問題的解決並一同建立民主主義計畫的共同體遭到孤立，而產生大量被權利意識束縛的個體。在這種情況下，對生活中的確定性和穩定性的渴望，使得大多數韓國人回歸到熟悉的典型——「自民族中心主義」。自民族中心主義是一種基於同質性和消解內部衝突、如神話般存在的種族主義，並透過犧牲外部人士的暴力來加強。一些經濟不安定的年輕人會認為，移民是來「掠奪」

他們父母親那一代辛苦累積的經濟成果。儘管移民並不是用暴力竊取資源的「帝國主義者」，他們卻仍使用了「掠奪」一詞來形容這些並未得到充分勞動報償的人，不僅沒有考慮到他們對社會的貢獻，還透過國家和網路傳播的偏頗資訊，產生了虛構的被害者意識。以愛國心與守護國家為包裝的反外國人和種族主義理論，在社會未經批判的環境下逐漸擴大。

此外，韓國的多元文化理論，使問題的核心更難被發現。多元文化主義在西方是管理國家內部多樣性的一種國家規則和政治干預，國家採用多元文化主義政策的背景，是在消除對種族、性別和階級歧視的人權運動要求之下。換句話說，多元文化主義是對鞏固歧視的權力所做的抵制，以及制度性的解決方案，基於生物學差異（如種族或性別）的歧視受到嚴格限制，並通過多元文化教育和公民運動來改變認知。然而，韓國的多元文化理論，成為了管理國家內部不安的制度，對於先住民的教育和意識改變漠不關心，積極地透過同化，將婚姻移民——也就是第一批定居移民——快速融入韓國的家庭和社會，這樣的目的

22 齊格蒙．包曼（Zygmunt Bauman）著，李逸秀譯，《液態現代性》，河流出版社，二〇〇九年。

使得多元文化主義理論變成針對「多元文化家庭」的政策。這項政策也形成了文化性的暴力，使得多元文化家庭被當作「弱勢階級」，永遠處在社會的邊緣。儘管接受了外國移工，在他們工作和生活的地方，卻絲毫未倡導多元文化人權、勞工權利和居住權。「多元文化理論」已經變成國家的文化意識型態，產生的反效果是鼓吹移民需要救濟的先住民優越感，這樣的優越感根據狀況與脈絡，可能會將移民當作施惠或是嫌惡的對象。

移民問題沒有國際性的標準，也沒有國際組織來監督全世界移民的人權。一般而言，各個國家的移民政策不是為了倡導移民與先住民之間的平等，而是在加強移民與先住民，以及移民彼此之間的階級制度，並通過權力的差異來控制。移民在移住國裡也會變更移住的目的或居留資格，且沒有一貫的政治立場。因此，移民權利的擴張不是由制度或國家來完成，而應該屬於移民和先住民的省思與政治倫理領域的課題。問題在於，儘管移民人數不斷增加，但大多數原本居住在韓國的韓國人卻對移民的經歷和社會貢獻所知甚少。

對於移民的「階級制度」和「歧視性待遇」的問題無感，歸因於民族國家的國民認為權利是自然擁有的概念，因此，移民的權利應該要發自移民所經驗到的世界，只有移民才能確切說出他們想要獲得的權利。為了理解特定權力是如何侵犯移民的生活，必須去傾聽那些被害經歷者的述說。作為一個國民所經歷到的韓國社會，與移民所經歷到的截然不同，除了龐大的法律和制度外，生活裡許多瑣碎的部分，都是在「國民」或是主流人群的基準上所製造的歷史產物。韓國人將這些視為理所當然，而不知道這些事物是如何行使「排他的權力」。移民從機場的海關、上網、購買和使用手機等日常領域，到入學跟升學、勞工權利和人權救濟制度等方面，都經歷到民族國家中階級性的差別待遇。要傾聽移民所經歷的世界，才會了解他們的基本人權是如何遭受侵害，因此，移民運動對社會的民主化來說至關重要。

實際上，過去二十年來，移民與公民社會一直聯合進行鬥爭，對於提高人權意識以及擴大韓國社會的民主主義有許多貢獻。移民支持團體和公民社會團體自一九九六年起，針對被稱為「現代奴隸制」的產業實習生制度發起反對運動，該制度最終遭到廢除。因為居留資格的關係，勞動權受到侵害的數十萬無證移工，透過示威和遊行，在一九九七年八月由最高法院宣布「無證移工也應按照《勞動基準法》的規定獲得退休津貼」。隨後，一九九八年十月，勞動部公布「《勞動基準法》將適用在無證移工身上」。[23]但當然不是

23 李蘭珠，《爸爸拜託不要被抓到：未完的故事，移工的生活紀錄》，看見生活之窗出版社，二〇〇九年，頁五七。

所有的法律都會落實。

二〇〇二年，司法部宣布不法滯留的外國人，只要自願進行登錄就不用擔心立即遭到遣返，移工不用害怕會被當場驅逐後，遂開始參與「尋找權利」的運動。二〇〇三年十一月十五日，全國兩千多名移工和朝鮮族發起遊行，要求停止強行取締，並要求無證移工的合法化。因為這些運動，韓國才引入了就業許可制和訪問就業制這些比過去更先進的制度。最近，無證移民兒童的教育權受到侵害的問題也被提出來，結果他們現在也能夠接受到高中為止的義務教育了。韓國過去是惡劣的企業主義社會，將亞洲移民視為「用過就丟」的臨時人力，透過移民的運動，人權和勞動權的概念才開始萌芽。

先住民並非要無條件地容忍或支持移民，但身為公民社會的一員，可以與移民建立更友善、更平等的關係。先住民與移民之間的關係取決於移住國的民主成熟度和公民社會的度量，並且有機會變得更「公平」。換句話說，視先住民對民主主義有多少渴望、公民社會具有多少正義感和公平感，以及公民是否願意將享有的基本權利與移民分享，狀況將會有所不同。

一個所有國民都享有言論自由和行動自由，並享有工作權和受教權的社會，應該願意與移民分享這種經驗，畢竟移民也是擁有欲望的人，何況每個人未來都有可能成為移民。

大多數民主國家會根據國民和外國人之間，或者外國人和外國人之間的階級制度，賦予不同的「權利」，但仍有一些基本權利是無差別提供給所有人的。因為擁有普遍的人權和居住權利，所以即使是移民，也能在社會生存並且獲得階級上升。如果國內情況良好時，就「施惠性」地允許部分移民享受國民所擁有的好處，當政治和經濟情況惡化時，就將原因怪罪到移民身上，那都是因為國家沒有以平等的角度看待移民。「權利」具有與施惠不同的政治意義，不是誰賦予誰的，而是「每個人都有資格行使」的。移民應該要能像國民一樣，不受歧視地獲得基本的權利，這種「權利」與人們履行的各種職責和義務不同，它是一種幫助人類在社會上生存的基本權利，因此國民和移民應該要享有同樣的權利。

民主國家不僅承認國民的權利，也應該承認非國民的權利，而擴大非國民的權利，則是擴大民主主義的一種方式。正如前移民工會主席米歇爾指出的一樣，我們必須了解到，為了克服新自由主義的經濟危機，國民與移民都成為這場「激烈競爭」的結構性受害者，他們在司法上雖然屬於不同的範圍，但都有資格享受人權和民主主義，能夠為自己發聲並改善生活的條件。

我們都離開了家

正如尼爾．施塔默斯所指出的，移民的權利問題經常從人權的角度受到討論，[24]然而，人權問題是一個抽象的思維，必須期待國家出面發揮正義。換句話說，國家提供什麼或可以提供什麼給移民，集中在如何從法律和政策方面實現。當然，國家雖然扮演了重要的角色，但絕對不是擁有一切權力的至高存在，若過度仰賴中央政府或國家的角色，就會忽略了移民在現實生活中的具體要求。因此，與移民相關的問題，首先需要的不是法律而是人的感情，必須積極正面地與他們產生共感並相互影響。先住民需要新的文化能力，才能接受移民是一同生活的住民，必須拋棄把移民當作順從和廉價勞動力的觀念。我們過去已經習慣從國家和資本利益的角度來看待移民，但是，當我們將移民視為生活在同一時代的人時，就能理解未來應該如何與他們建立關係。移民是具有冒險犯難精神的一群人，所以才會決定且採取移住的行動。每個人的生命當中都有可能會經歷短暫或長期的移民生活，即使沒有出過國，但回想一下剛搬到另一個地區學習和工作時有什麼樣的感受、當時做出了怎樣的覺悟和決心，就會發現原來來到我們這裡的移民並不是陌生人。我們都離開了家。即使不像在家裡那樣舒服，重要的是，能夠建立讓所有人在任何地方都能夠自由發揮的社會條件。

京畿道一家家具工廠的壁畫（攝影：成幼淑）

移民為了克服工作和生活中的「不穩定因素」而疲於奔命，他們隨著國家、地區和宗教的不同建立共同體，一同享受體育競賽和節日，並透過戀愛組成家庭，也透過節儉儲蓄來改善家鄉家人的生活條件，還為了應付每週六天的艱苦工作而注重飲食和運動。當拿掉了「外國人」、「無證」和「非法」這些標籤，並了解他們的生活之後，就會發現他們的生活跟你我沒有太大的不同。「共存的關係」是很單純的一件事，我們既不是國家，也不是警察，只是一個為了抵抗新自由主義經濟秩序所造成的不平等，而試圖維持簡單生活的公民。作為共同生活的公民，我們實在沒有理由對移民懷有敵意。移

24 Neil Stammers, *Human Rights and Social Movements*, Pluto Press, 2009.

民是跟我們在同一個地區居住、進行勞動與消費活動，並參與當地生產和再生產過程的成員，也作為韓國社會的一員，學習和體驗韓國在地的食物、語言和生活方式。陷入新自由主義競爭體系的韓國社會，生活方面面臨的許多危機和矛盾，可以透過接觸多元的生活觀與生活方式來提供解決的靈感。因此，和移民分享基本的權利並不代表會奪走國民的權利，確保移民的居住權和公民權，才能夠更全面地經歷自由與平等的民主主義。

國家擁有透過法律接納某些移民並將其他移民排除在外的權力，而市民社會則可以邀請那些被權力排斥的人或是受害者加入。事實上，韓國的民間團體、學校和宗教團體等公民社會，一直反對阻礙移民在社會生存的種族主義與不平等的法律制度。

這是因為他們知道，擁護移民的權利不是因為憐憫或同情外國人，而是因為這是讓韓國社會的公共領域變得更加平等和公平的道路。多元文化的公民意識，不在於如何標榜韓國人的集體認同，而在於是否擁有與身處同一時代、具有相同渴望的移民建立公平關係的思維能力。這樣的文化思維能力，能使我們用不同的觀點去看待熟悉的身分認同與相關事物，並與這群人建立如看護、勞工、文化翻譯者、活動家、商人、朋友、廚師和節慶參與者等多重關係。

總而言之，維護移民的基本權利，並不代表放棄國民的權利，或是被外國人剝奪部分權利。在險惡的新自由主義剝削下要想捍衛民主，就應該更加綜合和全面地擴大人權和公民身分的概念。而且，說不定在未來的某一天，我們也可能離開家。

英文參考資料

Andreas Wimmer, Glick Schiller, "Methodological nationalism and beyond: nation-state building, migration and the social sciences", *Global Networks* 2.4, 2002.

Anne McNevin, "Irregular migrants, neoliberal geographies and spatial frontiers of 'the political'", *Review of International Studies* 33(4), 2007.

Diane Elson, "The Economic, the Political and the Domestic: Businesses, States and Households in the Organization of Production", *New Political Economy* 3(2), 1998.

Eileen Pittaway, "The Rohingya Refugees in Bangladesh: A Failure of the International Protection Regime", In Howard Adelman(ed.), *Protracted displacement in Asia: no place to call home*, Aldershot, Hampshire, England: Ashgate Publishing, 2008.

Engin F. Isin, *Being Political: Genealogies of Citizenship*, University of Minnesota Press, 2002.

Geraldine Pratt, *Working Feminism*, Edinburgh University Press, 2004.

Henri Tajfel, *Human Groups and Social Categories*, Cambridge University Press, 1981.

Laila Tingvold, Anne-Lise Middelthon, James Allen·Edvard Hauff, "Parents and children only? Acculturation and the influence of extended family members among Vietnamese refugees", *International Journal of Intercultural Relations*, 36(2), 2012.

Le Bach Duong, Danièle Bélanger, Khuat Thu Hong, "Transnational migration, marriage and trafficking at the China-Vietnam border", In Isabelle Attané and Christophe Z. Guilmoto(eds.), *Watering the Neighbour's Garden: The Growing Demographic Female Deficit in Asia*, Paris: Committee for International Cooperation in National Research in Demography, 2007.

Martin Ruhs, Philip Martin, " Numbers vs. Rights: Trade-Offs and Guest Worker Programs", *International Migration Review* 42(1), 2008.

Michael P. Smith, Luis E. Guarnizo, *Transnationalism from Below*, Transaction Publishers, 1998.

Neil Stammers, *Human Rights and Social Movements*, Pluto Press, 2009.

Nicholas Walter, Philippe Bourgois, H. Margarita Loinaz, "Masculinity and undocumented labor migration: injured Latino day

laborers in San Francisco", *Social Science & Medicine* 59(6), 2004.
Nobue Suzuki, "Tripartite Desires: Filipina-Japanese Marriages and Fantasies of Transnational Traversal", In Nicole Constable(ed.), *Cross-Border Marriages: Gender and Mobility in Transnational Asia*, University of Pennsylvania Press, 2005.
Patrick Ireland, *Becoming Europe: Immigration, Integration, and the Welfare State*, Pittsburgh: University of Pittsburgh Press, 2004.
Philip L. Martin, *Promises to Keep: Collective Bargaining in California Agriculture*, Iowa State Press, 1996.
Ruth Lister, et al., *Gendering Citizenship in Western Europe*, Bristol: The Policy Press, 2007.
Stephen Castles, Alastair Davidson, *Citizenship and Migration: Globalization and the Politics of Belonging*, London and New York: Routledge, 2000.
Will Kymlicka, *Multicultural Citizenship*, Oxford: Clarendon Press, 2005.

韓文參考資料

〈全球國際婚姻的性別政治：以韓國男性與越南女性為例〉（국제결혼의 전 지구적 젠더정치학：한국 남성과 베트남 여성의 사례를 중심으로），《經濟與社會》（경제와사회）七〇。
〈電話詐騙「惡魔的聲音」背後的主導是誰？〉（보이스피싱「악마의 목소리」뒤에 누가있나），《時事頻道》（시사저널），二〇一二年七月四日。
〈詐騙朝鮮族的韓國多層次傳銷詐騙公司〉（조선족을 등쳐먹고 있는，한국 사기집단인다단계（나눔）회사），《延吉新聞》（연길신문），二〇一〇年五月十日。
〈年輕蒙古人希望到韓國工作〉（「젊은 몽골」은 한국의 일자리를 원한다），《每日勞動新聞》（매일노동뉴스），二〇〇六年八月十日。

〈憲政史上最初參與國檢的外國移工〉（헌정 사상 최초로 국감에 외국인 노동자나온다），《京鄉新聞》（경향신문），二〇一三年十月十四日。
〈僱用勞動部長官，對於移工工會的形成採負面態度〉（방하남 고용노동부 장관，이주노동자 노조 결성도 부정적），《真世界》（참세상），二〇一三年十月十四日。
〈一個月工作三二〇小時卻無法獲得報酬，韓國公務員不長眼〉（월320시간씩 일했지만 수당 못 받아-한국 공무원은 눈이 없어요），《國民日報》（국민일보），二〇一三年十月二十八日。
〈外國移工初次參加國檢，透露一個月工作三二〇小時〉（외국인 근로자，국감 첫 출석「한 달에 320시간 일했어요」），《環境警察新聞》（환경경찰신문），二〇一三年十月十九日。
大衛．哈維（데이비드 하비）著，具東會（구동회）、朴永民（박영민）譯，《後現代性狀況》（포스트모더니티의 조건），Hanul（한울）出版社，一九九四年。
文景熙（문경희），〈透過國際婚姻女性看多元文化主義與韓國的多元文化現象〉（국제결혼 이주 여성을 계기로 살펴보는 다문화주의와 한국의 다문화 현상），《二十一世紀政治學會報》（21세기정치학회보）一六（三），二〇〇六年。
王曉明（왕샤오밍）著，〈瀕臨「大時代」的中國：文化研究宣言〉（대시대가 임박한 중국：문화연구선언），張英錫（장영석）等譯，《歧路中國：當代中國頂尖知識份子探索歧路中的中國》（고뇌하는 중국：현대 중국 지식인의 담론과 중국 현실），路之書（도서출판 길）出版社，二〇〇六年。
史蒂芬．卡斯特勒斯（스티븐 카슬）、馬克．J．米勒（마크 J. 밀러）著，韓國移民學會（한국이민학회）譯，《移民的時代》（이주의 시대），一潮閣出版社（일조각），二〇一三年。
申鉉俊（신현준）編（聖公會大學東亞研究所企劃），《歸還或循環：非常特別且不平等的同胞們》（귀환 혹은 순환：아주 특별하고 불평등한 동포들），綠蜂（그린비）出版社，二〇一三年。
吉爾．德勒茲（질 들뢰즈）著，〈情動是什麼〉（정동이란 무엇인가），徐昌玄（서창현）等譯，《過度非物質勞動》（비물질노동과 다중），Galmuri（갈무리）出版社，二〇〇五年。
朴光聖（박광성），《全球化時代中國朝鮮族的勞動力移動與社會變化》（세계화 시대 중국조선족의 노동력 이동과 사회 변화），首爾大學社會學系博士論文，二〇〇六年。
朴光聖，〈全球化時代理解朝鮮族的核心關鍵字〉（세계화 시대 조선족을 이해할 수 있는 핵심적 키워드들），《Midri

學術誌》（미드리）六，二〇一一年。

朴恩正（박은정），〈外國女性移工的勞動人權與國內法律問題〉（외국인 여성 근로자의노동인권과 국내법의 문제），性別與立法論壇暨韓國性別法學會冬季學術大會，《外國女性移工的勞動問題與立法．政策問題》（외국인 여성 근로자의 노동문제와 입법 · 정책의 과제），二〇一三年十二月四日，韓國女性政策研究院．韓國性別法學會主辦，二〇一三年。

李海鷹（이해응），《中國朝鮮族已婚女性的韓國移住經驗呈現的認同變化研究》（중국 조선족 기혼여성의 한국 이주경험을 통해 본 주체성 변화에 관한 연구），梨花女大女性研究所碩士論文，二〇〇五年。

李海鷹，《中壯年朝鮮族女性的勞動經驗與脫離式生活的研究》（중장년 조선족이주 여성의 노동 경험과 탈구적 삶에 관한 연구），梨花女大女性研究所博士論文，二〇一三年。

李珠熙（이주희），《中國朝鮮族的韓國移住經驗與自我認同策略》（중국 조선족의 한국이주 경험과 정체성 전략），漢陽大學文化人類學碩士論文，二〇一二年。

李蘭珠（이란주），《爸爸拜託不要被抓到：未完的故事，移工的生活紀錄》（아빠，제발 잡히지 마：끝나지 않은 이야기，이주노동자들의 삶의 기록），看見生活之窗（삶이보이는창）出版社，二〇〇九年。

李世基（이세기），《移住，那遙遠的路》（이주，그 먼 길），humanitas（후마니타스）出版社，二〇一二年。

李慧景（이혜경）、鄭基善（정기선）、劉明基（유명기）、金敏貞（김민정），〈移住的女性化與跨國化家庭〉（이주의 여성화와 초국가적 가족），《韓國社會學》（한국사회학）四〇（五），二〇〇六年。

李秉烈（이병렬）、金基敦（김기돈）、金思強（김사강）、金素玲（김소령）、金伊燦（김이찬）、尹智英（윤지영）、李韓淑（이한숙），《農畜產業的移工人權現況調查》（농축산업 이주노동자 인권상황 실태조사），國家人權委員會，二〇一三年。

李浩澤（이호택），〈韓國的難民保護〉（한국의 난민 보호），財團法人日本難民保護支援協會、延世大學法學研究院主辦，「東亞難民的保護與市民社會的角色」（동아시아 난민보호와 시민사회의 역할），二〇一〇年。

沈英熙（심영희），〈韓國國際婚姻：趨勢、爭議與適應問題〉（한국의 국제결혼：추세、이슈、적응문제），收錄於烏利西．貝克等著，韓相貞（한상진）、沈英熙等編，《處於危險的家庭未來》（위험에 처한 세계와 가족의 미래），新浪潮（새물결）出版社，二〇一〇年。

金賢美（김현미），〈結婚移住女性的家庭建立：作為文化交接地區的翻譯者〉（결혼이주여성의 가정 home 만들기：문화 접경지대 번역자로서의 이주 여성），《比較韓國學》（비교한국학）一八（三），二〇一一年。

金賢美，〈跨越國界的勞工與移民通行稅〉（국경을 넘는 노동자들과 이주통행세），《親密的敵人》（（친밀한 적）），ewho book（이후）出版社，二〇一〇年。

金賢美，〈訪問就業朝鮮族同胞的工作經驗與生活狀況〉（방문취업 재중동포의 일 경험과 생활세계），《韓國文化人類學》（한국문화인류학）四二（二），二〇〇九年。

金賢美，〈中國朝鮮族的英國移民經驗：以韓國城的居住者為中心〉（중국조선족의 영국 이주 경험：한인타운 거주자의 사례를 중심으로），《韓國文化人類學》（한국문화인류학）四一（二），二〇〇八年。

金賢美，〈誰才是百分之百的韓國人〉（누가100퍼센트 한국인인가），移民女性人權論壇，《我們都是陌生人：為了共存的多元文化》（우리 모두 조금 낯선 사람들：공존을 위한 다문화），五月春（오월의 봄）出版社，二〇一三年。

金賢美，〈移民與多元文化主義〉（이주자와 다문화주의），《現代社會與文化》（현대사회와 문화）二六，二〇〇八年。

金賢美、金基敦（김기돈）、金敏貞（김민정）、金正善（김정선）、金哲孝（김철효），《僱用許可制施行以後，蒙古與越南人的移民與國際婚姻上所發生的人權侵害現象調查》（고용허가제 시행 이후 몽골과 베트남의 이주 및 국제결혼 과정에 나타난 인권 침해 실태조사），國家人權委員會，二〇〇七年。

金賢美、金英玉（김영옥），《從全球化家庭的觀點來看「飛吧」計畫的意義：以韓國—越南國際婚姻為例》（글로벌 가구의 관점으로 본「날자」프로젝트의 의의：한국-베트남 국제결혼 가족을 중심으로），韓國女性財團，二〇一二年。

金賢美、柳幼善（류유선），〈無證移民的社會關係與地區再生產：以京畿道A產業園區為中心〉（미등록 이주민의 사회적 관계와 지역 재생산：경기도 A공단 사례를 중심으로），《比較文化研究》（비교문화연구）一九，二〇一三年。

金賢美、李浩澤、崔元瑾（최원근）、朴俊奎（박준규），《韓國滯留難民的實態調查與社會待遇改善的政策方案》（한국 체류 난민 등의 실태조사 및사회적 처우 개선을 위한 정책방안），法務部，二〇一〇年。

金賢美、李浩澤、李慧貞（이혜진）、申政熙（신정희）、李妍珠（이연주），《韓國國內難民兒童生活實態調查與支援方案研究》（한국 거주 난민아동 생활실태 조사 및 지원방안 연구），拯救兒童基金會（세이브더칠드런），二〇一三年。

金正善（김정선），〈從底層開始的跨國歸屬政治學〉（아래로부터의 초국적 귀속의 정치학），《韓國女性學》（한국여성학），二六（二），二〇一〇年。

金延秀（김연수），《外國人與移民勞動市場政策：現況與課題》（외국인 및 이민자노동시장 정책：현황과 과제），韓國開發研究院，二〇一二年。

金石浩（김석호）、鄭基善（정기선）、李正恩（이정은）、呂禎希（여정희），《勞動移民的趨勢與社會統合政策的課題》（노동이주 추이와 사회 통합 정책의 과제），經濟人文社會研究學會合作研究叢書，韓國女性政策研究院．韓國社會學會，二〇一一年。

金伊燦（김이찬），〈上廁所與呼吸的權利〉（똥 쌀 권리，숨 쉴 권리），《AMC factoryNews》三，二〇一三年。

金哲孝（김철효）、金基元（김기원）、蘇羅美（소라미）、申睿貞（신예진）、崔瑞里（최서리），《移住背景兒童的出生登記》（이주 배경 아동의 출생 등록），拯救兒童基金會（세이브더칠드런），二〇一三年。

金希貞（김희정），〈韓國的官方主導型多元文化主義〉（한국의 관 주도형 다문화주의），吳景碩（오경석）等編，《韓國的多元文化主義》（한국에서의 다문화주의），Hanul（한울）出版社，二〇〇七年。

芮東勤（예동근），〈朝鮮族——尋求共生的主體：「第三種認同」形成的理論〉（공생을 만드는 주체로서의 조선족：「제3의 정체성」 형성에 대한 논의），《海外韓國人研究》（재외한인연구），二〇〇九年。

勇比．多納（욤비 토나）、朴珍淑（박진숙），《我的名字叫勇比：以難民的身分在韓國生活》（내 이름은 욤비：한국에서 난민으로 살아가기），ewho book（이후）出版社，二〇一三年。

威爾．金里卡（윌 킴리카）著，張東進（장동진）等譯，《當代政治哲學導論》（현대정치철학의 이해），dms book（동명사）出版社，二〇〇八年。

烏利西．貝克（울리히 벡）、伊利莎白．貝克-葛恩胥菡（엘리자베트 벡 게른스하임）著，李在源（이재원）、洪燦淑（홍찬숙）等譯，《遠距戀愛》（장거리 사랑），新浪潮（새물결）出版社，二〇一二年。

高賢雄（고현웅）、金賢美（김현미）、蘇羅美（소라미）、金正善（김정선）、金載媛（김재원），《國際婚姻仲介體系：越南與菲律賓現場調查》（국제결혼 중개 시스템：베트남．필리핀 현지 실태조사），貧富差異改善委員會，二〇〇五年。

許永淑（허영숙），《婚姻移民女性的母國家人支援》（결혼이주 여성의 본국 가족지원），Hanul（한울）出版社，二

○一三年。

移民團體 Happy shalom（샬롬의집）、高英蘭（고영란）、李英（이영）著，成幼淑攝影，《我們過得很好：磨石家具工業園區移工村落的詳實觀察記》（우린 잘 있어요，마석：마석 가구공단 이주노동자 마을의 세밀한 관찰기），bookkl（클）出版社，二○一三年。

彩虹青少年中心（무지개청소년센터），〈何謂移民青年？〉（이주 배경 청소년이란？）（http://www.rainbowyouth.or.kr），二○一三年。

國家人權委員會，《○九－一○ 人權諮詢事例合集》（09-10 인권 상담 사례집），二○一○年。

張瑞妍（장서연），〈移工米歇爾的故事〉（트랜스젠더 이주노동자 미셸 이야기），移民女性人權論壇，《我們都是陌生人：為了共存的多元文化》（우리 모두 조금 낯선 사람들：공존을 위한 다문화），五月春（오월의 봄）出版社，二○一三年。

基姆．穆迪（킴 무디）著，社會進步民主聯盟（사회진보를 위한 민주연대）譯，《新自由主義與世界的勞工》（신자유주의와 세계의 노동자），文化科學史出版社（문화과학사），一九九九年。

森森（링쿠 센）、馬姆杜（페카 맘두）著，裴美英（배미영）等譯，《國境 rock&roll》（국경의 로큰롤），ewho book（이후）出版社，二○一二年。

黃貞美（황정미），〈低生育率和韓國母性的性別政治〉（저출산과 한국 모성의 젠더정치），《韓國女性學》（한국여성학）二一（三），二○○五年。

雷納托．羅薩多（레나토 로살도）著，權淑仁譯，《文化與真實》（문화와 진리），Acanet（아카넷）出版社，二○○○年。

趙恩（조은），〈候鳥爸爸：邁向全球化階級的欲望〉（기러기 아빠：월드클래스를 향한 욕망의 기호），《黃海文化》（황해문화）五六，二○○七年。

齊格蒙．包曼（지그문트 바우만）著，李逸秀（이일수）譯，《液態現代性》（액체근대），河流（강）出版社，二○○九年。

鄭浩俊（정호준），《有關統一教國際祝福家庭的成立：以釜山教區為中心》（통일교 국제축복가정의 정착에 관한 연구：부산교구를 중심으로），鮮文大學神學院海外宣教科系碩士論文，二○○一年。

鄭瑾才（정근재），《這麼多的朝鮮族都到哪去了？》（그 많던 조선족은 어디로 갔을까？），Bookin（북인）出版社，二○○五年。

鄭暎惠（정영혜）著，藤井武（후지이 다케시）譯，《齊唱「民之代」：認同‧國民國家‧性別》（다미가요 제창：정체성、국민국가 일본、젠더），Sam In（삼인）出版社，二〇一一年。

黎氏貴（리티퀴），〈移住女性家庭的變化：從越南到韓國與台灣〉（이주 여성 가족들의 변화：베트남에서 한국，대만에 이르기까지），《全球化下亞洲的移住與性別研究》（글로벌 아시아의 이주와 젠더），梨花女子大學亞洲女性中心企劃，許羅金（허라금）編，Hanul（한울）出版社，二〇一一年。

魯忠萊（노충래）、洪貞珠（홍진주），〈移工子女的韓國社會適應實態研究：以首爾京畿道地區蒙古移工的子女為中心〉（이주노동자 자녀의 한국 사회 적응실태 연구：서울 경기지역 몽골 출신 이주노동자 자녀를 중심으로），《韓國兒童福祉學》（한국아동복지학）二二，二〇〇六年。

韓建秀（한건수），〈韓國多元文化社會的轉型與移住勞工〉（한국의 다문화사회 이행과 이주노동자），《哲學與現實》（철학과 현실）九一，二〇一一年。

韓建秀、薛東勳（설동훈），《結婚仲介業實態調查與管理方案研究》（결혼중개업체 실태조사 및 관리방안 연구），保健福祉部，二〇〇六年。

韓俊希（한준희），《以世界體系的角度來看國際婚姻的階級性空間結構》（세계체계 시각에서 본 국제결혼의 위계적 공간구조화），高麗大學社會學系碩士論文，二〇〇九年。

邁克‧薩默爾斯（마이클 새머스）著，李永閔（이영민）等譯，《移住》（이주），青路（푸른길）出版社，二〇一三年。

薛東勳（설동훈），《勞動力的國際移動》（노동력의 국제이동），首爾大學出版部，二〇〇〇年。

權相淑（권향숙），〈日本社會與中國朝鮮族：離散研究的幾個基礎分析〉（일본 사회와 중국 조선족：디아스포라 연구를 위한 몇 가지 기초적인 분석），《Midri 學術誌》六，二〇一一年。

我們都離開了家：全球多元文化趨勢下韓國新移民的離散、追尋與認同 / 金賢美著；杜彥文譯. -- 初版. -- 新北市：臺灣商務, 2019.12
256面；14.8x21. --

ISBN 978-957-05-3241-8(平裝)

1.移民 2.移民文化 3.韓國

577.832 108018699

人文

我們都離開了家

全球多元文化趨勢下韓國新移民的離散、追尋與認同

作　　者：金賢美（김현미）
譯　　者：杜彥文
發 行 人：王春申
總 編 輯：李進文
責任編輯：林蔚儒
封面設計：江孟達
內頁編排：黃馨儀

業務組長：陳召祐
行銷組長：張傑凱
出版發行：臺灣商務印書館股份有限公司
23141 新北市新店區民權路 108-3 號 5 樓（同門市地址）
電話：(02) 8667-3712　傳真：(02) 8667-3709
讀者服務專線：0800056196
郵撥：0000165-1
E-mail：ecptw@cptw.com.tw
網路書店網址：www.cptw.com.tw
Facebook：facebook.com.tw/ecptw

局版北市業字第 993 號
初　　版：2019 年 12 月
印 刷 廠：禹利電子分色有限公司
定　　價：新台幣 340 元
法律顧問：何一芃律師事務所

臺灣商務印書館官方網站　臺灣商務印書館臉書專頁